Das 1x1 des Einmachens

Das 1x1 des Einmachens

Hilaire Walden

Marmelade kochen
Obst einmachen
Säuern
Räuchern Pökeln
Konservieren mit Öl
Tiefgefrieren
Salzen Zuckern
Trocknen und Dörren

UMSCHAU

Die Ratschläge in diesem Buch sind vom Verlag sorgfältig erwogen und geprüft worden, dennoch kann eine Garantie nicht übernommen werden. Eine Haftung für Personen-, Sach- und Vermögensschäden ist ausgeschlossen.

Übersetzung: Annerose Sieck, Martensrade
Satz: Redaktionsbüro Jörg-Rüdiger Sieck, Martensrade

Printed in Italy
ISBN 3-8295-6435-X

Besuchen Sie uns im Internet:
www.umschau-buchverlag.de

Inhalt

Einführung

Heutzutage erhält man praktisch rund ums Jahr jedes nur erdenkliche Nahrungsmittel. Nicht nur das: Einfrieren macht das vorsorgliche Konservieren von Lebensmitteln vermeintlich überflüssig. Doch Einmachen ist wie Backen: Es therapiert, belohnt und macht Spaß. Und nahezu jedem schmeckt selbst Eingemachtes, egal ob es sich um Marmeladen oder Chutneys, Bauernpasteten oder eingelegte Aprikosen mit Vanille handelt.

In vielerlei Hinsicht macht es Sinn, Lebensmittel selbst haltbar zu machen, besitzten sie doch eine ungleich bessere Qualität als ihre kommerziellen Gegenstücke. Besonders dann, wenn die Zutaten aus dem eigenen Garten oder wie z. B. Pilze aus der freien Natur stammen. Wächst in Ihrem Garten nichts Essbares, können Sie im Sommer auf vielen Feldern selbst Gemüse und Früchte ernten oder auf Bauernmärkten günstig frische Produkte einkaufen. Denken Sie daran: Wenn Sie selbst zur Tat schreiten, wissen Sie, welche Zutaten Sie verwenden, und Sie können sicher sein, dass Ihr Eingemachtes frei von Konservierungs- und Farbstoffen ist und damit keine überflüssige Chemie enthält.

Trägt Ihr Pflaumenbaum reichlich Früchte oder konnten Sie den günstigen Freilandtomaten nicht widerstehen, die ein Wochenmarktstand anbot, dann werfen Sie einfach einen Blick auf die folgenden Seiten. Sie werden mit Sicherheit ein passendes Rezept finden. Haben Sie etwa eine Schweinehälfte erworben, können Sie Rillette (Seite 154) oder Pastete (Seite 157) zubereiten. Die Haltbarkeit von Lachs können Sie z. B. verlängern, indem Sie Graved Lachs (Seite 150) herstellen.

Beim Einmachen von Lebensmitteln dürfen Sie Ihrer Kreativität freien Lauf lassen. Wie bei anderen Zubereitungsmethoden auch lassen sich dabei Ihre ganz persönlichen Vorlieben einbringen, wenn Sie erst einmal einige

Rezepte in diesem Ratgeber ausprobiert und einige Routine erworben haben. Sie können andere Aromen verwenden oder – wenn Sie das Eingemachte verschenken wollen – den individuellen Geschmack eines Freundes berücksichtigen. Lieben Sie asiatische Aromen, bieten sich etwa Kardamom, Szechuan-Pfeffer, Zitronengras und Cumin für die Zubereitung an.

Rosenwasser oder Vanille schmecken gut zu Erdbeeren oder Himbeeren. Statt Rosinen eignen sich getrocknete Feigen, Aprikosen, Pfirsiche, Birnen, Cranberrys oder Kirschen; auch exotische Früchte wie Mango, Papaya oder Banane bereichern durch ihr feines Aroma. Finden Sie kommerzielle Chutneys zu streng, werden Ihnen die selbst gemachten besser munden, da diese lieblichen Weinessig enthalten. Damit Ihr Eingemachtes nicht vor Süße strotzt, fügen Sie einfach weniger Zucker zu, mögen Sie es besonders gern süß, ist natürlich das Nachzuckern erlaubt. Knoblauchfans dürfen auch gern einige gehackte Knollen zum Eingemachten geben, und wer es scharf mag, dem kommen einige Chilis gerade recht. Glauben Sie mir, es dauert nicht lange und Sie haben Ihr eigenes Repertoire aufgebaut.

Das Haltbarmachen von Lebensmitteln erfordert keine teure Ausstattung. Das meiste haben Sie bereits in Ihrer Küche. Auch ein besonderer Topf ist überflüssig, es sei denn, Sie wollen für eine ganze Fußballmannschaft Vorräte anlegen. Das Einmachen von Nahrungsmitteln ist übrigens keine besondere Kunst: Auf den nächsten Seiten erfahren Sie das Wichtigste darüber und lernen auch die einzelnen Methoden des Konservierens kennen, damit Ihre Versuche auf diesem Gebiet mit Sicherheit gelingen.

Mit einer selbst gekochten Brühe im Regal ist es für Sie kein Problem, auf die Schnelle eine interessante Mahlzeit zu kochen – egal, ob Sie sich für einen unkomplizierten Käsesandwich, eine kalte Fleischplatte oder eine belebende warme Mahlzeit entscheiden. In diesem Buch werden Sie viele gute Beispiele finden.

Eingemachtes ist ein ideales Mitbringsel, ein persönliches Geschenk, das Sie und den Beschenkten zufrieden stimmt. Mit dem Schrank voller Gläser, die selbst zubereitete Köstlichkeiten enthalten, ist ein vergessener Geburtstag kein Problem mehr. Auch die verzweifelte Suche nach einem kleinen Extra zu Weihnachten gehört der Vergangenheit an.

Ausstattung

Um Nahrungsmittel einzumachen, die Obst oder Essig enthalten, eignen sich am besten Materialen wie rostfreier Edelstahl, Kunststoff oder Holz. Achten Sie darauf, für Heißes unbedingt hitzebeständige Utensilien zu benutzen.

Töpfe Ein traditioneller Einmachtopf hat leicht schräge Seiten, eine Gießvorrichtung und Griffe, die gut anzufassen sind. Er ist vor allem dann sinnvoll, wenn Sie größere Mengen einkochen möchten. Unbedingt erforderlich ist er jedoch nicht. Doch einiges sollten Sie schon beachten:

- Der Topf sollte aus rostfreiem Edelstahl bestehen, antihaftbeschichtet sein oder über einen Emailleboden verfügen. Verwenden Sie zum Einmachen auf gar keinen Fall Kupfer- oder Messingtöpfe oder irgendetwas aus Aluminuim, da diese Materialien mit Säure reagieren.
- Der Topf sollte schwer sein und einen dicken Boden haben, in dem sich die Hitze gleichmäßig verteilt, damit nichts ansetzt und anbrennt.
- Am besten sind Töpfe, deren Seiten leicht nach außen geneigt sind: Die größere Oberfläche fördert die rasche Verdunstung überschüssiger Flüssigkeiten. Möchten Sie nur eine kleine Menge Konfitüre, Marmelade, Chutney, Sauce oder Sirup kochen, können Sie statt dessen auch eine antihaftbeschichtete Bratpfanne oder einen kleinen Topf verwenden.
- Das Innere des Topfes sollte keinerlei Fehler, Schäden oder sonstige Makel aufweisen.
- Der Topf sollte zwei stabile Griffe haben, die leicht anzufassen sind.
- Kochen Sie Süßes, etwa Marmeladen, Konfitüren oder Gelees, sollte der Topf unter keinen Umständen mehr als halb voll sein, da die Mischung beim Kochen spritzen kann.

Waagen Eine spezielle Waage ist nicht unbedingt erforderlich, kann aber sehr nützlich sein. Notieren Sie sich vor dem Einkauf die erforderliche Menge an Zutaten, die Sie benötigen. Zu Hause können Sie zum Abwiegen größerer Mengen auch die Badezimmerwaage verwenden. Stellen Sie den Topf oder einen anderen Behälter auf die Waage, stellen Sie auf Null und geben Sie dann die Zutaten hinein. Alternativ können Sie das Gewicht des leeren Topfes aufschreiben, die Zutaten hineingeben und dann das Gewicht des Topfes vom Gesamtgewicht abziehen.

Messer Verwenden Sie stets scharfe Messer aus rostfreiem Stahl, um die Verfärbung von Obst und Gemüse zu vermeiden. Außerdem geht mit qualitativ hochwertigen Messern die Arbeit ganz einfach besser von der Hand.

Gewürzbeutel Der kleine Beutel besteht meist aus Baumwolle und lässt sich oben zuziehen. Sie können ihn kaufen oder zu Hause selbst herstellen, indem Sie ein kleines Stück Baumwolle oder doppellagigen Mull oben mit einem Stück Schnur oder auch Bindfaden zusammenbinden. Hängen Sie den Beutel in den Topf und binden Sie ihn am Griff des Topfes fest. Es gibt auch „Beutel“ aus Metall, die fest an den Topf geklemmt werden können.

Langer Holzlöffel Ein Holzlöffel mit einem langen Stiel schützt Ihre Hände vor den kochenden, dampfenden und spritzenden Flüssigkeiten. Er sollte deshalb aus Holz sein, weil Metalllöffel mit Säure reagieren und deshalb die Zutaten verfärben.

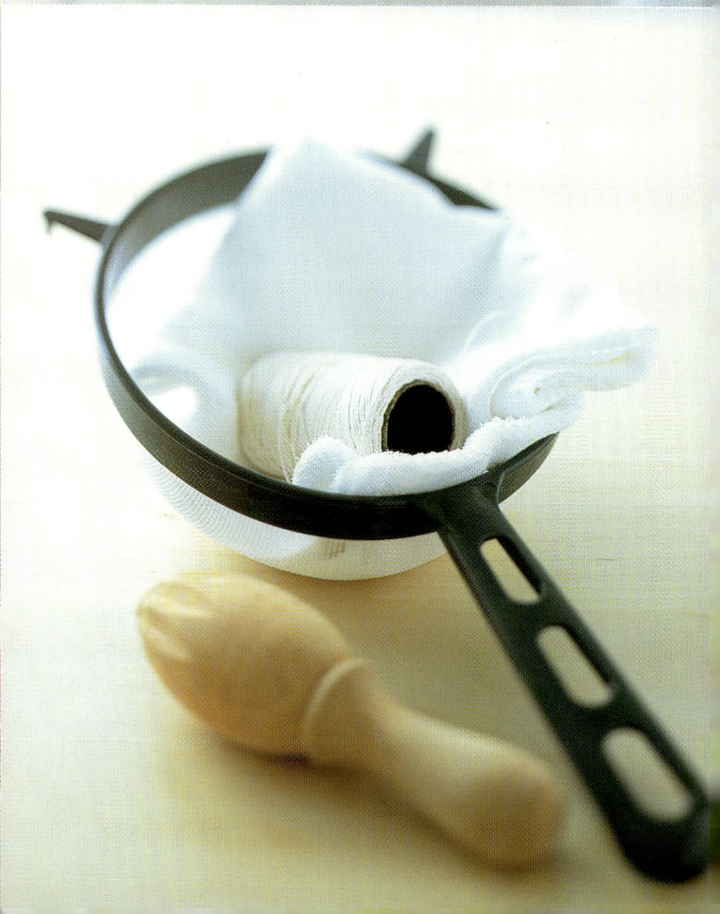

Schaumlöffel Beim Kochen von Konfitüre, Marmelade und Gelee entsteht im Allgemeinen Schaum. Damit das Eingemachte klar wird, muss dieser abgeschöpft werden. Mit einem Schaumlöffel können Sie zudem Steine von Pflaumen oder Pfirsichen aus dem Topf entfernen.

Zuckerthermometer Mit Hilfe eines Zuckerthermometers, das sich einfach an den Topfrand klemmen lässt, können Sie feststellen, wann Konfitüre, Marmelade oder Gelee den Siedepunkt erreichen (105 °C; siehe auch Seite 22). Ein einfacheres Thermometer halten Sie zur Kontrolle etwa eine Minute in die Mitte der köchelnden Zutaten.

Siebe und Seiher Verwenden Sie möglichst Küchensiebe und -seiher aus Draht oder Kunststoff.

Schüsseln Eine Auswahl an Schüsseln in unterschiedlicher Größe ist für die Arbeit unverzichtbar.

Messbecher Um heiße Flüssigkeiten abzumessen, benötigen Sie einen hitzebeständigen Messbecher.

Einfülltrichter Sie benötigen zwei, einen mit einer breiten Einfüllöffnung, um Flüssigkeiten in Gläser zu füllen und einen mit einer schmalen Öffnung für das Befüllen von Flaschen. Diese sollten nach Möglichkeit antihaftbeschichtet sein.

Schöpfkelle Mit ihr lassen sich Konfitüre, Marmelade oder Gelee einfacher vom Topf in den Trichter gießen.

Mullbeutel Diesen kleinen Beutel erhalten Sie in Geschäften, die eine große Auswahl an Küchenartikeln und -zubehör verkaufen. Er kostet nicht viel, lässt sich auswaschen und wiederverwenden. Man setzt ihn vor allem bei der Zubereitung von Gelee ein, weil sich der Saft aus den verwendeten Zutaten damit einfach herausdrücken lässt. Hängen Sie den Beutel über eine Schüssel, um auch die letzten Tropfen aufzufangen. Sie können sich selbst einen Beutel herstellen, indem Sie zwei bis drei Schichten Baumwollgewebe (Musselin) zusammennähen. Vor der Verwendung muss der Stoff ausgekocht werden. Bei der Zubereitung des Gelees hängen Sie den Beutel dann einfach in den Topf, nachdem Sie ihn zuvor am Henkel festgebunden haben.

Schnellkochtopf Finden Sie in einem Rezept den Hinweis, dass die Zutaten vorzukochen sind, kann dies unterschiedliche Gründe haben. Mit dem Schnellkochtopf sparen Sie nicht nur sehr viel Zeit, Sie schonen auch Farbe und Geschmack von Obst und Gemüse.

Wasserbad Damit Eingemachtes keinen Schimmel bildet, kann man es versiegeln. Dafür eignet sich das Wasserbad (siehe auch Seiten 16 und 37). Das Wasserbad und auch der mit einem Deckel zu verschließende Topf sollten höher als die Gläser und Flaschen sein.

Gläser und Flaschen Gläser mit etwa 7,5 cm breiten Öffnungen eignen sich am besten, wenn Sie Gemüse sauer einlegen möchten. Sie lassen sich einfach befüllen. Für Marmelade oder Gelee können Sie kleinere Gläser (etwa 6 cm breite Öffnungen) verwenden. Statten Sie sich mit 450- und 950-Milliliter-Gläsern aus, wenn Sie Obst und Gemüse einkochen möchten. Dann sind Sie gut gerüstet. Die Gläser sind – wenn Sie vorsichtig mit ihnen umgehen – immer wieder verwendbar.

Die Gefäße müssen völlig heil sein. Ansonsten könnte das Glas beim Einfüllen der heißen Flüssigkeiten platzen. In kleinen Kratzern können sich zudem Bakterien einnisten, die Folge: Das Eingemachte verdirbt rasch.

Gläser und Flaschen müssen stets sterilisiert werden. Waschen Sie diese erst in heißem Seifenwasser und spülen sie anschließend mit heißem Wasser ab. Stellen Sie Gläser und Flaschen dann in einen hohen Topf (Öffnung nach oben), bedecken Sie diese mit heißem Wasser und lassen es etwa 10 Minuten kochen. Danach werden sie mit der Öffnung nach unten auf Geschirrhandtüchern getrocknet. Weiteres Abwaschen, etwa im Geschirrspüler ist nicht erforderlich.

Wärmen Sie Gläser und Flaschen vor dem Einfüllen der heißen Flüssigkeiten leicht an, um ein Platzen zu vermeiden. Das gilt nicht für kalte Flüssigkeiten.

Verwenden Sie stets Behälter, die groß genug für die aufkochende Flüssigkeit sind.

Deckel und Versiegelungen Sie können gewachste Gläserabdeckungen (Wachsseite nach unten) auf das Eingemachte legen, wenn dieses nicht flüssig ist oder nicht im Wasserbad gekocht wurde. Süßes sollte mit Zellophan oder einer doppelten Lage Frischhaltefolie abgedeckt werden, die Sie anschließend noch mit Gummibändern stramm befestigen.

Sie können natürlich auch säurebeständige Schraub- oder Schnappverschlüsse oder Deckel aus Kunststoff für Süßes verwenden. Für Chutneys oder Mixed Pickles bzw. anderes Eingemachtes, das Essig enthält, müssen die Deckel unempfindlich gegen Essig sein. Verfügen Sie jedoch lediglich über metallene Abdeckungen, sollten Sie Eingemachtes und Eingelegtes zuvor unbedingt mit Frischhaltefolie abdecken.

Ideal sind Einmach-Gläser, die als festen Verschluss einen Twist-off-Deckel haben, der auf der Innenseite speziell beschichtet ist. Konsistenz, Aroma und natürliche Farbe des Eingemachten bleiben so besonders gut geschützt. Die Twist-off-Deckel verhindern das Austrocknen und den Befall mit Mikroorganismen.

Bestehen die Deckel aus mehreren unterschiedlichen Materialien, folgen Sie beim Sterilisieren unbedingt den Anweisungen des Herstellers. Normalerweise wäscht man Deckel und Schraubverschlüsse in heißem Seifenwasser ab und spült sie anschließend mit heißem Wasser. Schraubverschlüsse legen Sie zum Abtrocknen auf Küchenhandtücher, die anderen Deckel sollten Sie bis zur Verwendung in einen Topf mit köchelndem Wasser legen, damit sie warm bleiben.

Sortieren Sie jedes Jahr vor dem Einmachen sämtliche defekten oder auch nur unansehnlichen Gläserdeckel aus, denn diese haben nur eine begrenzte Lebenszeit.

Zutaten

Zucker Vor dem Zuckern müssen Früchte gekocht werden. Wer den Zucker gleich zum Obst gibt, erntet harte Früchte, die auch durch Kochen nicht weich werden. Wenn Sie jedoch ganze Erdbeeren oder Himbeeren wünschen, lassen Sie diese vor dem Kochen mit reichlich Zucker über Nacht ziehen.

Wenn Sie weißen Haushaltszucker (Zuckerraffinade) zum Einmachen verwenden, stellen Sie ihn in einer hitzebeständige Schüssel 20 Minuten lang bei niedriger Temperatur in den Backofen: Auf diese Weise löst sich der Zucker beim Kochen rascher auf.

Für Marmeladen, Konfitüren und Gelees können Sie auch speziellen Einmachzucker verwenden. Er hat größere Zuckerkristalle als normaler Zucker, reduziert beim Kochen die Schaumbildung und produziert klare, ungetrübte Ergebnisse. Gelierzucker ist bereits Pektin zugesetzt. Er eignet sich vor allem für die Zubereitung von Gelees aus Früchten, die wenig Pektin enthalten. Durch das Pektin verkürzt sich die Kochzeit auf etwa fünf Minuten, das Gelee bleibt klar, bewahrt seine schöne Farbe und vor allem den Geschmack.

Für Chutneys und Gemüse, das sauer eingelegt wird, verwendet man braunen Zucker (Kandisfarin), nach Geschmack die helle oder dunklere Version. Je nach Sorte variert das Aroma des Eingemachten. Wenn Sie beispielsweise zum Chutney statt dunklen helleren Kandisfarin geben, wird sein Geschmack frischer.

Honig und heller Sirup bereichern das Eingemachte mit ihren besonderen Aromen, auch wenn sie bei Marmeladen und Gelees das Erreichen des Siedepunktes erschweren. Deshalb sollten Sie maximal ein Viertel des erforderlichen Zuckers durch Honig oder Sirup ersetzen.

Pektin Damit Marmeladen, Konfitüren und Gelees gelieren, benötigen sie Pektin – eine natürliche Substanz, die sich in den Zellen von Früchten befindet. Während des Kochvorgangs löst es sich dann aus den Zellen. In Verbindung mit Säure (in Früchten oder zugefügtem Zitronensaft) und Zucker macht es Marmeladen, Konfitüren und Gelees fest. Unreifes Obst liefert mehr Pektin als reifes. Obst, das pektinarm ist, kombiniert man mit pektinreichen Früchten oder mit Zitronensaft. Sie können jedoch auch Fertigprodukte wie Gelierzucker verwenden, der bereits Pektin enthält.

Säure Ohne Säure werden Marmeladen, Konfitüren und Gelees nicht fest. Entweder enthalten die Früchte bereits reichlich Säure oder Sie geben diese in Form von Zitronensaft oder Zitronensäure zu. Je reifer Obst ist, desto weniger Säure enthält es. Soll das Eingekochte gelieren, verwenden Sie deshalb eher unreife Früchte. Erdbeeren, Äpfel, Birnen, Kirschen und reife Brombeeren benötigen zusätzliche Säure: Geben Sie zwei Esslöffel Zitronensaft oder einen halben Teelöffel Zitronensäure auf knapp zwei Kilogramm pektinarme Früchte.

Salz Verwenden Sie statt Tafelsalz möglichst Meersalz oder grobes Salz (Ausnahme: Einsalzen von Nahrungsmitteln). Das einfache Speisesalz enthält Zusatzstoffe, die zu Verfärbungen führen und dadurch die Qualität des Eingemachten verringern können.

Essig Natürlich können Sie alle Essigsorten verwenden. Allerdings trüben die feinen Aromen von Weiß- und Rotweinessig den Geschmack des Eingelegten nicht. Asiatischer Reisessig ist noch milder, doch einige Sorten verfügen über weniger als die erforderlichen fünf Prozent Essigsäure, die man zum Einlegen benötigt. Wer es gern fruchtig mag, dem empfehle ich Apfelessig.

Gewürze Greifen Sie möglichst auf frische Gewürze zurück. Wer es mag, kann die Gewürze in einer Pfanne ohne Fett bei mittlerer Hitze kurz rösten und dann zerstoßen. Dies setzt das Aroma der Gewürze besser frei.

Obst und Gemüse auswählen

Eingemachtes aus Obst und Gemüse schmeckt später am besten, wenn Sie Produkte der Saison verwenden, die in Ihrer Region bei natürlicher Sonneneinstrahlung und Wärme wachsen und gedeihen. Vor allem bei Obst, Paprika, Auberginen, Zucchini und Tomaten ist dies wichtig. Da der Geschmack schon kurz nach der Ernte dem natürlichen Verfallsprozess unterliegt, sollte man Obst und Gemüse möglichst rasch nach dem Pflücken einmachen. Was liegt also näher, als Produkte aus Ihrer Region oder aus dem eigenen Garten zu konservieren?

Leicht unreifes Obst ist ideal für Konfitüren, Marmeladen, Gelees und zum Einwecken von Früchten, da der Pektingehalt Spitzenwerte erreicht (siehe Seite 14). Allerdings sind unreife Früchte aus dem Supermarkt nur eingeschränkt zum Einmachen geeignet. Meist sind sie in einem sehr frühen Stadium gepflückt worden, damit sie die langen Transportwege überleben. Leider bleibt damit meist auch das Aroma auf der Strecke. Natürlich kann unter gewissen künstlichen Bedingungen auch noch später ein Nachreifungsprozess erfolgen.

Sie können aber auch vollreifes Obst oder pektinarme Früchte verwenden. Greifen Sie dann zu Pektin oder Zitronensäure, beides erhalten Sie im Handel. Überreifes Obst oder auch Früchte, die nicht ganz so schön aussehen, eignen sich immer noch hervorragend zur Zubereitung von Butter, Fruchtbutter oder -käse, Sirups und Chutneys, aber auch zum Trocknen oder Einfrieren.

In der Saison ist der Tisch für Obst und Gemüse reich gedeckt. Die im Überfluss vorhandenen Produkte sind günstig zu bekommen. Greifen Sie zu und füllen Sie Ihre Schränke mit lecker Eingemachtem!

Wenn Sie Tomaten einmachen bzw. einlegen möchten, müssen Sie als Nordeuropäer bis August bzw. September warten. In wärmeren Gefilden, etwa in Spanien, Italien oder Südfrankreich, sind die roten Köstlichkeiten schon wesentlich früher reif. Da Obst und Gemüse frisch aus der Region nun einmal am besten schmecken, werfen Sie einen Blick auf den Saisonkalender, der bei den meisten

Verbraucherzentralen, aber auch in Obst- und Gemüseläden zu bekommen ist. Erdbeeren etwa haben im Juli Saison, Himbeeren im August, Pflaumen und Zwetschen von August bis Oktober und Rhabarber bereits im Mai.

Eingemachtes aus Obst und Gemüse verändert manchmal die Farbe. Die Schalen von Auberginen beispielsweise wechseln von Lilarot zu Dunkelbraun. Ein ganz anderes Beispiel ist die Kiwi. Soll das Eingemachte frischgrün aussehen, müssen Sie die Früchte vor dem Zubereiten kurz einfrieren.

Pektingehalt von Obst

Hoch Brombeeren (normal gereift, aber noch leicht unreif), Kochäpfel, Holzäpfel, Cranberrys, Damaszenerpflaumen, Stachelbeeren, Zitronen, Limetten, Orangen, Quitten, rote Johannisbeeren.
Mittel Äpfel, Aprikosen, Brombeeren (gänzlich ausgereift), Loganbeeren, Maulbeeren, Pflaumen, Himbeeren.
Niedrig Bananen, Blaubeeren, Kirschen, Feigen, Trauben, Guave, Mangos, Melonen, Nektarinen, Pfirsiche, Ananas, Rhabarber, Erdbeeren.

Richtig luftdicht verschließen und versiegeln

Der Verschluss ist das A und O, damit das Eingemachte vor Schmutz, Staub oder Insekten geschützt ist. Doch damit nicht genug: Er verhindert die Bildung von Schimmel und bewahrt die konservierten Lebensmittel vor dem Verderb.

Wachsscheiben, essigbeständige Deckel und Zellophan

1 Wählen Sie Wachsscheiben entsprechend der Größe der verwendeten Gläser.

2 Füllen Sie die sauberen warmen Gläser bis zum Rand mit dem heißen Eingemachten. Wischen Sie eventuell vorhandene Reste mit einem sauberen Küchenhandtuch vom Glasrand.

3 Legen Sie dann mit der Wachsseite nach unten die gewachste Scheibe darauf. Drücken Sie diese leicht mit den Fingern fest, damit eventuell vorhandene Luftblasen entweichen können.

4 Chutneys versiegeln Sie am besten mit essigbeständigen Schraub- oder Schnappverschluss.

5 Über Süßes legen Sie ein Stück Zellophan, das Sie zuvor in Wasser getaucht haben, und ziehen es dann fest. Legen Sie ein Gummiband herum. Lassen Sie das Eingemachte abkühlen. Dabei trocknet das Zellophan und spannt sich.

6 Lassen Sie die Gläser über Nacht abkühlen. Mit genau beschrifteten Etiketten können sie dann bis zum Verzehr an einem kühlen, trockenen und dunklen Ort ruhen.

Gläser im Wasserbad versiegeln

1 Das Obst – gekocht oder roh – so eng aneinander gelegt wie möglich (Früchte sollten jedoch unbeschädigt bleiben) in sterilisierte Gläser geben: Dabei oben 2,5 cm frei lassen.

2 Flüssigkeit darüber gießen, oben 1 cm frei lassen. Mit einem Messer oder einer Stricknadel Luftblasen entfernen. Die Gefäße nach Angaben des Herstellers versiegeln.

3 Einen Rost oder einen Stapel gefaltete Zeitungen auf den Boden des Topfes legen. Die Gefäße auf den Rost stellen. Wenn Sie Zeitungspapier (Handtücher tun´s übrigens auch)verwenden, legen Sie dieses zwischen die einzelnen Gläser, um zu vermeiden, dass diese kaputt gehen. Warmes Wasser darüber gießen, bis sie vollständig bedeckt sind. Den Deckel auf den Topf legen.

4 Das Wasser aufkochen lassen und das Obst darin so lange wie nötig bei 88 °C köcheln lassen (siehe rechts).

5 Die Gläser aus dem Topf nehmen. 24 Stunden abkühlen lassen, dann prüfen, ob die Gefäße richtig versiegelt sind.

6 Die Gläser beschriften und an einen trockenen, kühlen und dunklen Ort stellen, bis sie gegessen werden können (Zeiten siehe bei den einzelnen Rezepten).

Verarbeitungszeit (vom Zeitpunkt an, wo das Wasser köchelt; gilt für 1-l-Gefäße)

OBST	METHODE	ZEIT (MIN.)
Äpfel, in Scheiben	normal geschichtet	4 Minuten
Brombeeren		
Johannisbeeren		
Stachelbeeren		
Loganbeeren		
Maulbeeren		
Himbeeren		
Rhabarber		
Äpfel, in Scheiben	eng geschichtet	10 Minuten
Bromberen		
Johannisbeeren		
Stachelberen		
Loganbeeren		
Maulbeeren		
Himbeeren		
Rhabarber		
Aprikosen	ganz, mit Stein	10 Minuten
Kirschen		
Kirschpflaumen		
Zwetschen		
Äpfel, fest eingelegt		20 Minuten
Aprikosen, halbiert		
Nektarinen, halbiert		
Pfirsiche, halbiert		
Pfirsiche, klein, ganz		
Ananas, in Scheiben		
Feigen		40 Minuten
Birnen		

Pürees, Saucen und Sirups

(Heiß eingefüllt, vom Zeitpunkt an, wo das Wasser köchelt)

MENGE	ZEIT
650-ml-Gefäße	20
980-ml-Gefäße	25

Lagerung

Bewahren Sie das Eingemachte an einem kühlen, dunklen und trockenen Ort bei einer Temperatur zwischen 10 und 20 °C auf; etwa in einer altmodischen Speisekammer, deren Außenwand nach Norden oder Osten liegt – hier bleibt es immer recht kühl.

Die Häuser der neuen Generation sind meist ohne Speisekammer gebaut und die Zentralheizung wärmt auch den Hausarbeitsraum. Ist es zudem noch in Ihrer Küche sehr warm, müssen Sie Ihre „Schätze" woanders aufbewahren. Vielleicht ist Ihr Schlafzimmer kühler, dann können Sie die Gläser dort in einer Kiste lagern, ansonsten findet sich in der Garage eventuell ein geeignetes Plätzchen. Geöffnete Behälter gehören in den Kühlschrank. Süßes wie Konfitüre, Gelees, Marmelade oder Butter und Käse benötigen noch mehr Kühlung als Chutneys und sauer Eingelegtes, die reichlich Säure enthalten. Einmal geöffnet müssen diese unbedingt im Kühlschrank aufbewahrt werden.

Eingemachtes schmeckt besser, wenn Sie es nach der Zubereitung einige Zeit ruhen lassen. Manchmal reicht schon ein Tag, z. B. bei Fruchtbutter. Doch in der Regel sollte das Eingemachte vor dem Verzehr mindestens einen Monat stehen. Richtig gut schmeckt es innerhalb eines Jahres. Danach laufen chemische Prozesse ab, die Farbe, Geschmack und Nährwerte der Lebesnmittel verändern können. Bei den einzelnen Rezepten finden Sie genaue Angaben zur Lagerungszeit.

Achten Sie bei Eingemachtem auf eine gute Versiegelung. Werfen Sie ab und an einen Blick darauf. Sortieren Sie Behälter aus, bei denen die Versiegelung defekt ist bzw. Gläser, die Schaden genommen haben.

Hygiene

Sauberkeit und Kühle sind bei der Zubereitung von besonderer Bedeutung, da Wärme und Feuchtigkeit das Bakterienwachstum begünstigen. Wenn Sie ans Konservieren von Lebensmitteln gehen, sollte es in Ihrer Küche also nicht allzu warm sein.

Waschen Sie sich, bevor Sie loslegen, gründlich die Hände (auch zwischendurch, wenn sie schmutzig sind) und trocknen Sie sie gut ab. Sind Ihre Hände heiß, lassen Sie fließend kaltes Wasser darüber laufen.

Die Geräte, die Sie verwenden, sollten vorher in heißem Spülwasser oder im Geschirrspüler gereinigt werden. Wenn möglich, lassen Sie alles an der Luft trocknen. Besondere Vorsicht ist bei der Zubereitung von Fleisch und Fisch angesagt: Beides sollte zuvor unbedingt im Kühlschrank gelagert worden sein – ideal ist eine Temperatur von 4 °C, in der Küche sollten höchstens 12 °C herrschen. Sortieren Sie gewissenhaft alles aus, das mit dem Fleisch oder Fisch in Berührung kommt und waschen Sie es anschließend sofort gründlich ab.

Kleckert etwas vorbei, verwenden Sie Küchenpapier zum Aufwischen. Das gehört danach in den Abfalleimer.

Eingemachtes verschenken

Ein Geschenk aus Ihrer „Schatzkammer" ist an sich schon etwas Besonderes. Mit wenig Mühe und geringem Kostenaufwand wird daraus sogar etwas Außergewöhnliches.

■ Als Geschenk eignen sich besonders interessant aussehende Gläser, Flaschen und Töpfe; z. B. rechteckige Gefäße mit geraden Seiten, bauchige Gläser, hohe, schlanke Gefäße und kurze, gedrungene im Taschenflaschenstil. Variieren Sie die Größen und zaubern Sie aus mehreren eingemachten Sorten einen ganzen Geschenk-Set. Flaschen, Gläser und andere Gefäße sind in den Haushaltsabteilungen meist recht günstig. Sie können aber auch auf dem Flohmarkt Hübsches entdecken.

■ Befestigen Sie eine Schablone am Gefäß, decken Sie die Flächen rundherum ab und besprühen Sie die Schablone mit Metallic-Farbe. Das ergibt einen besonderen Effekt.

■ Sie können Flaschen oder Gläser mit Glasfarbe anmalen oder das Muster auf den Gefäßen damit hervorheben.

■ Befestigen Sie ausgeschnittene Motive am Behälter, z. B. Orangen an einem Glas Orangenmarmelade. Mit etwas Klebstoff fest an das Glas drücken und trocknen lassen.

■ Eingemachtes muss nun einmal gut versiegelt sein. Doch die Deckel sehen hübscher aus, wenn Sie diese mit Stoffbezügen verzieren. Suchen Sie ein Muster aus, das die Botschaft übermittelt, die Sie rüberbringen möchten. Einige Beispiele: ein Stoff, der mit Kirschen bedruckt ist oder ein schlichtes, elegantes Material, Stoff im Country-Look oder elegantes Material wie Seide. Metallisches Krepppapier und Wachspapier in einer leuchtenden Farbe machen sich ebenso gut.

■ Schneiden Sie Stoffbezüge mit einer Zickzackschere aus, dann sehen die Kanten hübsch aus. Oder Sie schmücken die Kanten mit Langettenstich bzw. Bogenrand. Binden Sie den Stoffbezug mit hübschem Band oder einer einfachen Schnur um das Gefäß. Am schönsten sind kontrastierende oder komplementäre Farben.

■ Die Anhänger lassen sich mit Buntstift, Gold- oder Silberstift oder auch einem Leuchtstift beschriften. Oder Sie benutzen Stoffmaler. Etiketten können Sie z. B. aus farbigen Karten mit folienbeschichteter Rückseite anfertigen. Schreiben Sie Inhalt und Herstellungsdatum darauf. Nicht zu vergessen: Essen bis spätestens ... Schließlich können Sie noch vermerken, wozu das Eingemachte passt oder Sie schreiben ein „Geschichtchen", das sich dahinter verbirgt.

■ Anhänger und Etiketten binden Sie mit Stoffbändern oder Kräuselband fest.

■ Zum Geschenk passen Servierlöffel oder eine hübsche Untertasse für das Gefäß.

1 Konservierungsmethoden

Konfitüren zubereiten

Der Zuckergehalt von Früchten ist unterschiedlich. Er wird durch eine entsprechende Menge an Haushaltszucker ergänzt. Im Allgemeinen beträgt diese etwa 60–65 Prozent vom Gewicht der fertigen Konfitüre. Je länger die Früchte kochen, desto mehr Wasser benötigen sie.

AUSSTATTUNG

- Sterilisierte Gläser (siehe Seite 11)
- 1 hitzebeständige Schüssel
- 1 kleiner Teller oder Untertasse
- 1 scharfes Messer
- 1 Schneidebrett
- 1 großer Topf
- 1 Holzlöffel mit langem Stiel
- 1 Zuckerthermometer (nach Belieben)
- 1 Teelöffel
- 1 Backblech oder Holzbrett
- 1 hitzefester Schöpflöffel
- 1 flacher Plastikspatel
- Saubere Geschirrhandtücher und heißes Spülwasser
- Wachsscheiben und Zellophan
- Gummibänder
- Etiketten

ZUTATEN

- Zucker
- Leicht unreife Früchte, für die Vorbereitung ungewaschen
- Zitronensaft (nach Belieben)
- 1 Messerspitze Butter (nach Belieben)

1 Gläser im Backofen vorwärmen. Den Zucker in eine Schüssel schütten und diese ebenfalls in den Ofen stellen. Teller oder Untertasse in den Kühlschrank stellen. Früchte säubern (schlechte aussortieren) und je nach Art vorbereiten. Obst mit der angegebenen Menge Wasser in einen Topf geben und erhitzen.

2 Topf vom Herd nehmen, Zucker zufügen. Vorsichtig erhitzen, mit einem Holzlöffel umrühren, bis der Zucker sich aufgelöst hat. Geben Sie ein Stück Butter zu, dann bildet sich weniger Schaum.

3 Frucht-Zucker-Mischung bis zum Siedepunkt aufkochen. Das dauert etwa 10–15 Minuten. Das Zuckerthermometer sollte 105 °C anzeigen.

5 Schaum von der Oberfläche schöpfen. Konfitüre etwa 10 Minuten vor dem Abfüllen ruhen lassen, damit sich die Früchte besser verteilen und in den Gläsern nicht nach oben „rutschen". Gläser vorbereiten und füllen (siehe Seite 11), danach mit Wachsscheiben oder Zellophan versiegeln.

4 Wenn Sie kein Thermometer haben: Topf vom Herd nehmen und eine der folgenden Methoden ausprobieren. Einen Tropfen Konfitüre auf eine kalte Untertasse geben und mit einem Teelöffel oder der Fingerspitze vorsichtig darüber reiben. Wird die Oberfläche schrumpelig, ist der Siedepunkt erreicht. Oder etwas Konfitüre auf den Holzlöffel geben, leicht abkühlen und wieder in den Topf tropfen lassen. Laufen die Tropfen an der Löffelkante herunter und bilden dabei homogene Flocken, die aufbrechen, wenn sie im Topf landen, ist die Konfitüre fertig.

Gelee zubereiten

Eigentlich geht es bei der Zubereitung von Gelee nicht viel anders zu als bei der von Konfitüre. Doch es dauert länger. Früchte mit einem hohen Pektingehalt (siehe Seite 14) bieten die beste Geleebasis, doch Sie können auch pektinarmes Obst verwenden, wenn Sie es mit pektinreichem kombinieren oder Gelierzucker (Zucker mit Pektin) verwenden.

AUSSTATTUNG

- Sterilisierte Gläser (siehe Seite 11)
- 1 hitzebeständige Schüssel
- 1 kleiner Teller oder Untertasse
- 1 scharfes Messer
- 1 Schneidebrett
- 1 großer Topf
- 1 Holzlöffel mit langem Stiel
- 1 Mullbeutel
- 1 große Schüssel
- 1 Zuckerthermometer (nach Belieben)
- 1 Teelöffel
- 1 Schaumlöffel
- 1 Backblech oder Holzbrett
- 1 hitzebeständige Schöpfkelle
- 1 flacher Plastikspatel
- Saubere Geschirrhandtücher und heißes Spülwasser
- Wachsscheiben und Zellophan
- Gummibänder
- Etiketten

ZUTATEN

- Zucker
- Leicht unreife Früchte
- Wasser

1

2

1 Gläser im Backofen vorwärmen. Zucker in eine Schüssel geben und ebenfalls in den Backofen stellen, Teller oder Untertasse in den Kühlschrank stellen. Das Obst sollte sauber sein und keine Schäden aufweisen. Die Früchte abhängig von der Sorte vorbereiten, Schale, Kerngehäuse und Kerne müssen nicht herausgeschnitten werden. Früchte mit der angegebenen Menge Wasser in einen Topf geben und weich köcheln lassen, dabei gelegentlich mit dem Holzlöffel umrühren, damit nichts aneinander klebt.

2 Kochendes Wasser durch den Mullbeutel gießen, den Beutel festmachen, z. B. an einem Stuhl und die große Schüssel darunter stellen. Den Topfinhalt in den Beutel geben. Die Flüssigkeit an einem kühlen Ort ca. 8–12 Stunden in die Schüssel tropfen lassen.

3 Den Saft in der Schüssel abmessen und in einen sauberen Topf geben. Für je 575 ml Saft 450 g vorgewärmten Zucker hineingeben. Vorsichtig erhitzen, dabei mit dem Holzlöffel rühren, bis der Zucker sich aufgelöst hat. Das Ganze aufkochen, bis das Zuckerthermometer 105 °C zeigt. Sie können auch den Siedepunkttest (siehe Seite 23) machen. Rühren Sie nicht mehr als nötig, um Luftblasen zu vermeiden.

4 Topf vom Herd nehmen und Schaum abschöpfen. Enthält das Gelee Teile wie z. B. Kräuter, muss es 10 Minuten vor dem Abfüllen ruhen, damit sich diese im ganzen Gelee verteilen können.

5 Gläser vorbereiten und füllen (siehe Seite 11), mit Wachsscheiben und Zellophan versiegeln (siehe Seite 14).

Marmelade zubereiten

Marmeladen können aus den unterschiedlichsten Früchten zubereitet werden, doch zumeist enthalten sie heutzutage wohl Zitrusfrüchte – einzeln oder mit anderen Sorten kombiniert. Für die Marmelade muss die Fruchtschale zuerst ohne Zuckerzusatz gekocht werden, damit sie weich wird und das Pektin sich herauslöst.

AUSSTATTUNG

1 scharfes Messer
1 Schneidebrett
1 Zitronenpresse
1 kleines Stück Musselin oder 1 Gewürzsäckchen
Sterilisierte Gläser (siehe Seite 11)
1 kleiner Teller oder Untertasse
1 scharfes Messer
1 großer Topf
1 Holzlöffel mit langem Stiel
1 Zuckerthermometer (nach Belieben)
1 Teelöffel
1 Schaumlöffel
1 Backblech oder Holzbrett
1 hitzebeständige Schöpfkelle
1 flacher Plastikspatel
Saubere Geschirrhandtücher und heißes Spülwasser
Wachsscheiben und Zellophan
Gummibänder
Etiketten

ZUTATEN

Früchte
Wasser
Zucker

1 Früchte halbieren und auspressen; Kerne, Häute und alle anderen Teile, die übrig bleiben, auf ein Stück Musselin legen und dieses als Beutel zusammenbinden.

2 Die Schalen der Zitrusfrüchte in Scheiben schneiden und zusammen mit dem Saft und der erforderlichen Menge Wasser in einen Topf geben. Den Musselinbeutel an einem Topfgriff festbinden und in den Topf hängen. Flüssigkeit aufkochen, dann alles bei schwacher Hitze 60 bis 90 Minuten köcheln. Die Schalen müssen anschließend weich und die Flüssigkeit reduziert sein.

3

4

3 Gläser zum Vorwärmen in den Backofen stellen, einen kleinen Teller oder eine Untertasse in den Kühlschrank stellen. Topf vom Herd nehmen, Mullbeutel entfernen, dabei mit dem Holzlöffel fest gegen den Topfrand drücken, um restliche Flüssigkeit herauszudrücken.

4 Zucker zufügen und den Saft erhitzen, so lange rühren, bis der Zucker sich aufgelöst hat. Dann 10–15 Minuten kochen, bis der Siedepunkt (siehe Seite 23) erreicht ist. Das Zuckerthermometer sollte 105 °C anzeigen. Ab und zu umrühren.

5 Topf vom Herd ziehen, Schaum abnehmen und die Marmelade 10 Minuten ruhen lassen. Gläser vorbereiten und füllen (siehe Seite 11), anschließend mit Wachsscheiben und Zellophan versiegeln (siehe Seite 14).

Fruchtige Eierbutter zubereiten

Diese Köstlichkeit bereitet man aus Eiern, Butter und Zucker zu. Eigentlich zählt sie nicht so richtig zum Eingemachten, denn sie wird im Kühlschrank aufbewahrt und muss binnen drei Wochen verzehrt werden.

AUSSTATTUNG

- Sterilisierte Gläser oder Gefäße (siehe Seite 11)
- 1 Topf
- 1 hitzebeständige Schüssel
- 1 Holzlöffel
- 1 Sieb
- 1 Backblech oder Holzbrett
- 1 hitzebeständige Schöpfkelle
- 1 Messbecher
- Saubere Geschirrhandtücher und heißes Spülwasser
- Wachsscheiben und Zellophan
- Gummibänder
- Etiketten

ZUTATEN

- Wasser
- Früchte
- Butter, gewürfelt
- Feiner Zucker
- Eier

1 Die Gläser oder Gefäße im Backofen vorwärmen. Wasser in einen Topf geben und köcheln lassen. Obst, Butter und Zucker in eine hitzefeste Schüssel geben, die Schüssel in den Topf mit dem köchelnden Wasser stellen, der Schüsselboden sollte das Wasser nicht berühren. Zutaten erhitzen – dabei ab und zu mit dem Holzlöffel umrühren –, bis die Butter geschmolzen ist und der Zucker sich aufgelöst hat.

2 Eier gut verquirlen, in die Schüssel gießen und gut mit den anderen Zutaten verrühren. Weitere 25–45 Minuten erhitzen, dabei immer wieder umrühren, bis die Flüssigkeit eingedickt ist. Vorsicht: Die Masse darf nicht kochen, dann gerinnt sie.

3 Gläser vorbereiten (siehe Seite 11) und mit Eierbutter füllen. Mit Wachsscheiben und Zellophan (siehe Seite 14) versiegeln. In den Kühlschrank stellen.

Hinweis Die Zubereitungstemperatur der Eierbutter ist nicht hoch genug, um die Eier richtig durchzugaren. Deshalb sollten schwangere Frauen, kleine Kinder, ältere Menschen und ansonsten alle, die ein schwaches Immunsystem haben, keine Eierbutter essen.

Fruchtbutter und Käse zubereiten

Für Fruchtbutter und Käse wird püriertes Obst zusammen mit Zucker gekocht. Fruchtbutter hat eine cremige, streichfähige Konsistenz. Käse mit Früchten muss länger garen, um richtig einzudicken. Damit er den Namen „Käse" auch verdient, muss man ihn schneiden können. Auch hält sich Käse länger als Fruchtbutter. Bei beiden lohnt sich die Zubereitung nur, wenn das Obst günstig ist. Denn Sie benötigen reichlich Früchte; und dies bereits für eine relativ geringe Ausbeute.

AUSSTATTUNG

- Sterilisierte Gläser oder Gefäße (siehe Seite 11)
- 1 scharfes Messer
- 1 Schneidebrett
- 1 Topf
- 1 Holzlöffel
- 1 Sieb
- 1 Backblech oder Holzbrett
- 1 hitzebeständige Schöpfkelle oder Messbecher
- Saubere Geschirrhandtücher und heißes Spülwasser
- Wachsscheiben und Zellophan
- Gummibänder
- Etiketten

ZUTATEN

- Früchte
- Wasser
- Feiner Zucker

1 Gläser oder Gefäße im Backofen vorwärmen. Sie können reifes, überreifes und natürlich auch rein äußerlich nicht so schönes Obst verwenden, nur bitte keines, das schlechte Stellen aufweist. Obst in grobe Stücke hacken, in einen Topf geben und mit Wasser bedecken. Aufkochen lassen und anschließend köcheln, bis das Obst weich ist.

2 Das Fruchtfleisch durch ein Sieb streichen und die Menge mit einem Messbecher abmessen. Für die Fruchtbutter benötigen Sie 225–250 g Zucker je 570 ml Püree, für Fruchtkäse 455 g Zucker je 570 ml Püree.

3

5

3 Fruchtpüree in einen Topf geben, Zucker zufügen und unter Rühren erhitzen, bis er aufgelöst ist. Köcheln lassen, bis die erforderliche Konsistenz erreicht ist und immer wieder umrühren, um Klumpenbildung zu vermeiden. Für Fruchtbutter sollte die Masse dick-cremig sein. Die Käsemasse ist fertig, wenn ein Löffel deutliche Spuren zieht.

4 Für die Fruchtbutter die Masse in vorgewärmte sterilisierte Gläser oder auch in kleine Gefäße füllen (siehe Seite 11). Mit den Wachsscheiben und Zellophan versiegeln (siehe Seite 14).

5 Für den Fruchtkäse kleine sterilisierte Gläser, Gefäße und sonstige Formen mit Pflanzenöl ausstreichen, anschließend die Käsemasse hineingeben. So lässt sich der erkaltete Käse später leicht aus der Form nehmen. Mit Wachsscheiben und Zellophan versiegeln (siehe Seite 14).

Hinweis Es ist nicht sinnvoll, Kürbisbutter und -käse im heißen Wasserbad haltbar zu machen. Versiegeln Sie statt dessen die Gläser mit fest verschließbaren Deckeln und stellen Sie diese für 2–3 Wochen in den Kühlschrank.

Kandierte, gezuckerte und glasierte Früchte

Richtig schön kandierte, gezuckerte und glasierte Früchte sind teuer und die Auswahl an Sorten ist begrenzt. Zu Hause können Sie praktisch jede Obstsorte verwenden. Die Zubereitung ist zwar mühsam, aber der Aufwand lohnt sich. Wenn Sie einen Drahtkorb haben, der in den Topf passt, können Sie die Früchte leichter wieder herausnehmen. Wiegen Sie das Obst vorher ganz genau ab, denn vom Gesamtgewicht hängt ab, wieviel Zucker Sie benötigen.

Früchte kandieren

AUSSTATTUNG

Zum Kandieren:
- 1 Nadel, 1 Kirschentsteiner oder 1 scharfe Küchenschere
- 1 Küchenwaage
- 1 Topf
- 1 Schüssel
- 1 Schaumlöffel
- 1 Messbecher
- 1 Holzlöffel
- 1 Zange
- 1 Rost
- Alufolie
- Backpapier

ZUTATEN

- Feste, reife, unbeschädigte Früchte
- Wasser
- 625 g feiner Zucker für je 450 g vorbereitetes Obst

1 Bereiten Sie das Obst vor: Aprikosen, Pflaumen und Kumquats rundherum einstechen; Kirschen mit dem Kirschentsteiner entsteinen; Zitrusfrüchte (außer Kumquats) schälen und in einzelne Segmente teilen – dabei auch die weiße Haut mit entfernen; Birnen, Äpfel und Pfirsiche schälen, halbieren und in dicke Scheiben schneiden; die Ananas schälen, Augen und holziges Inneres herausschneiden und die Ananas in Stücke oder quer in Scheiben schneiden.

2 Das vorbereitete Obst in den Topf geben. so viel kochendes Wasser dazugießen, bis die Früchte gerade so bedeckt sind. Zugedeckt gar köcheln lassen. Weiche Früchte brauchen etwa 2–3 Minuten, feste Früchte etwa 10–15 Minuten.

3 Mit einem Schaumlöffel das Obst vorsichtig herausnehmen und in eine Schüssel geben. Kochflüssigkeit im Topf lassen.

4 300 ml (für je 450 g Obst) von der Kochflüssigkeit abmessen und in einen Topf geben. 175 g Zucker zufügen und so lange unter ständigem Rühren erhitzen, bis er sich vollständig aufgelöst hat. Anschließend den Sirup aufkochen.

5 Sirup über die Früchte gießen, abdecken und an einem kühlen Ort 1 Tag ruhen lassen. Das Obst aus der Schüssel nehmen. 50 g Zucker zum Sirup geben und unter Rühren so lange erhitzen, bis der Zucker sich aufgelöst hat. Sirup erneut aufkochen. Topf vom Herd nehmen und das Obst wieder in den Sirup geben. Abgedeckt 1 Tag an einem kühlen Ort ruhen lassen. Wiederholen Sie diesen Vorgang noch 5-mal, der Sirup wird dabei immer konzentrierter.

3

4

5

Früchte kandieren *Fortsetzung*

6 Am 6. Tag das Obst aus dem Sirup nehmen und in eine Schüssel geben. Bei schwacher Hitze 6 Esslöffel Zucker in den restlichen Sirup rühren, bis er sich aufgelöst hat. Die Früchte noch einmal in den Sirup geben und bei schwacher Hitze 3–4 Minuten köcheln lassen. Obst und Sirup wieder in eine Schüssel füllen und zugedeckt 2 Tage an einem kühlen Ort ruhen lassen. Diesen Vorgang noch einmal wiederholen, dann das Obst im Sirup 4 Tage, noch besser bis zu 2 Wochen an einem kühlen Ort ruhen lassen.

7 Das Obst mit einer Zange aus dem Sirup nehmen. Einen Rost auf ein Backblech stellen und die Früchte vorsichtig darauf verteilen. Alufolie so auf die Früchte legen, dass sie diese nicht berührt. An einem trockenen warmen Ort 2–3 Tage trocknen lassen, jedes Obststück 2–3-mal wenden.

8 Die Früchte mit der Zange in einen Behälter legen. Zwischen jede Obstlage gehört ein Stück Backpapier.

Früchte zuckern

AUSSTATTUNG

1 kleine Schüssel
1 Topf
Spieße oder 1 Zange
1 Backblech
Alufolie
Backpapier

ZUTATEN

Kandierte Früchte
225 g feiner Zucker für je 450 g kandierte Früchte
Kochendes Wasser

1 Zucker in eine Schüssel geben und das Wasser zum Kochen bringen. Jedes Stück kandiertes Obst mit Spieß oder Zange in das kochende Wasser tauchen.

2 Restliches Wasser abtropfen lassen, dann die Obststücke im Zucker wälzen. Früchte zum Trocknen auf ein mit Alufolie belegtes Blech legen.

3 Das Obst in einen Behälter legen und mit Backpapier die einzelnen Lagen trennen.

Früchte glasieren

AUSSTATTUNG

3 Töpfe (1 großer und 2 kleine)
1 Tasse oder kleine Schüssel (vorgewärmt)
Spieße oder 1 Zange
Geeignete Behälter
Backpapier

ZUTATEN

Kandierte Früchte
Wasser
450 g feiner Zucker für je 450 g kandierte Früchte

1 150 ml Wasser in einen Topf geben, Zucker zufügen und unter Rühren erhitzen, bis dieser sich vollständig aufgelöst hat. 1–2 Minuten kochen, dann etwas von dem kochenden Sirup in die vorgewärmte Tasse gießen.

2 Den restlichen Sirup im Topf abdecken. Den Topf zum Warmhalten auf einen anderen Topf stellen, in dem Wasser köchelt.

3 Wasser aufkochen. Kandiertes Obst 20 Sekunden in das Wasser, dann in den Sirup tauchen. Früchte auf einen Rost legen. Trüben Sirup in der Tasse durch frischen ersetzen.

4 Früchte auf dem Rost mit Alufolie abdecken, damit das Obst nicht beschädigt wird. Dann die Früchte 2–3 Tage an einem trockenen warmen Ort trocknen lassen, dabei gelegentlich wenden.

5 Die glasierten Früchte in einen Behälter geben, zwischen jede Lage Backpapier legen.

Obst einmachen

Die Hitze beim Einmachen tötet Pilze, Schimmel und Mikroorganismen ab und erzeugt dabei ein Vakuum, das die Gläser versiegelt. Auf die hier vorgestellte Art kann nur saures Obst (und Tomaten) eingelegt werden. Um Gemüse, Fleisch und Fisch haltbar zu machen, sind die Temperaturen zu niedrig. Am einfachsten und sichersten legen Sie ganze Früchte mit Zuckersirup ein, die Sie im Wasserbad erhitzen.

AUSSTATTUNG

1 Messer
1 Schneidebrett
1 Topf (nach Belieben)
1 hitzebeständiger Messbecher
Sterilisierte Weckgläser
1 großer tiefer Topf
1 Zange
1 Holzbrett
Etiketten

ZUTATEN

Reife heile Früchte
Feiner Zucker oder Zuckerraffinade
Flüssigkeit: Wasser oder Sirup (siehe Punkt 3) und Wein oder 1 Schnaps (nach Belieben)
Aromen, etwa ganze Gewürze, Zitrusfruchtschale oder Likör (nach Belieben)

1

2

1 Das Obst nach Rezeptangabe vorbereiten, ggf. kochen. Blasse Früchte wie Birnen und Äpfel in saures Wasser (Wasser, etwas Essig oder Zitronensaft) tauchen, wenn diese nicht gleich weiterverarbeitet werden sollen. Vor dem Einschichten abspülen. Stachelbeeren zuvor einstechen. Rhabarber und Erdbeeren 12 Stunden im Zuckersirup einweichen.

2 Rohes oder gegartes Obst eng in die Gläser schichten, ohne es dabei zu zerdrücken. Oben ca. 2,5 cm frei lassen. Stachelbeeren und Rhabarber können etwas enger eingelegt werden, das Obst muss dann jedoch vorher gekocht werden. Apfelscheiben sollen fest in die Gläser geschichtet werden, wenn keine Flüssigkeit zugefügt wird. So können die Apfelscheiben nicht nach oben „rutschen“.

3 Für den Zuckersirup Zucker, Wasser und Aromen bzw. Gewürze unter Rühren erhitzen, bis der Zucker sich aufgelöst hat. Dann das Ganze 1 Minute kochen. Für einen hellen Sirup verwenden Sie 115 g Zucker plus 1 Esslöffel Zuckerraffinade je 575 ml Wasser. Die heiße Flüssigkeit in die vorbereiteten Gläser (siehe Seite 11) gießen, dabei oben 1,5 cm frei lassen, und im Wasserbad haltbar machen (siehe Seite 16).

Pürees einmachen

Befolgen Sie zuerst die grundlegenden Schritte. Füllen Sie dann das kochende dicke Püree in heiße sterilisierte Gläser (oben 1,5 cm frei lassen) und versiegeln Sie diese nach Herstellerangabe. Anschließend die Gläser im Wasserbad haltbar machen (siehe Seite 16). Normal abkühlen lassen.

Saucen und Sirups einkochen

1 Sterilisierte Flaschen im Backofen vorwärmen. Sauce oder Sirup nach den Rezeptangaben zubereiten.
2 Heiße Sauce oder Sirup mit einem Trichter in die Flaschen füllen, oben 2,5 cm frei lassen. Flaschen nach Herstellerangabe versiegeln und im heißen Wasserbad haltbar machen (siehe Seite 16).

Früchte in Alkohol einlegen

Schnaps allein tut es auch (vorausgesetzt, er hat mehr als 40 Prozent Alkoholgehalt), denn in ihm kann absolut nichts Schädliches gedeihen. Um die Kosten zu senken, können Sie Alkohol mit Zuckersirup kombinieren.

1 Früchte in sterilisierte Gläser legen und mit Zucker bedecken.
2 Alkohol darüber gießen (die Früchte müssen vollständig bedeckt sein), die Gläser dann etwas hin und her schütteln, um Luftblasen freizusetzen.
3 Gläser versiegeln und an einem kühlen, dunklen und trockenen Ort mindestens 2 Monate vor dem Verzehr ruhen lassen. Am besten noch länger. Schütteln Sie die Gläser im ersten Monat ab und zu, damit der Zucker sich gut verteilt.

Lebensmittel in Öl einlegen

Öl bewahrt Zutaten vor dem Verfall, da keine Luft an diese kommt. Haltbar machen kann Öl nicht. Deshalb müssen die Nahrungsmittel vorher gekocht, in Essig eingelegt, getrocknet oder gesalzen (siehe Seite 53) werden. Was in Öl eingelegt wurde, sollte stets im Kühlschrank aufbewahrt werden. Es hält sich jedoch nicht so lange wie sauer Eingelegtes oder Lebensmittel, die erhitzt wurden.

Essig, Öl und Alkohol – gewürzt und aromatisiert

Essig, Öl und Alkohol eignen sich hervorragend, um sie mit Aromen und Gewürzen anzureichern. Sie verhindern das Wachstum von Mikroorganismen und nehmen den Geschmack anderer Nahrungsmittel gut auf. Würzessig, aromatisiertes Öl oder Alkohol sind leicht zuzubereiten; man gibt die Gewürze einfach in die Flasche und gießt die Flüssigkeit dazu. Bei der Vorbereitung müssen allerdings einige Punkte beachtet werden. Verwenden Sie nur saubere und sterilisierte Geräte. Die frischen Kräuer werden gewaschen, getrocknet und leicht zerdrückt, damit sie ihr Aroma freisetzen. Gläser und Flaschen werden versiegelt. Sie müssen mindestens zwei Wochen an einem kühlen, dunklen und trockenen Ort ruhen (ab und zu schütteln). In der Lagerungszeit können Sie prüfen, ob genug Aroma enthalten ist. Ist es so, gießen Sie die Flüssigkeit durch ein Sieb und entfernen die Kräuter. Ausnahme: Aromatisierter Alkohol; dieser muss mehrere Monate „reifen".

Würzessig

Weißweinessig bildet meist die Grundlage. Einfache Essigsorten halten unbegrenzt, den Würzessig sollten Sie jedoch innerhalb eines Jahres verbrauchen. Ein Spritzer davon in Suppe, Kasserolle oder Eintopf kann Geschmackswunder vollbringen. Salatdressings oder Mayonnaisen erhalten so den letzten Pfiff. Natürlich schmeckt Würzessig auch hervorragend in einer Marinade.

Rosmarin-Limonen-Essig

1 l Weißweinessig
einige frische Rosmarinzweige
2–3 Knoblauchzehen
1 Limone, in dünne Scheiben geschnitten

Ergibt 1 Liter

Zitronen-Petersilie-Essig

1 l Weißweinessig
2–3 Knoblauchzehen
1 Limone, in dünne Scheiben geschnitten
3 EL gehackte frische Petersilie
Schale von 2 Zitronen

Ergibt 1 Liter

Heißer Chili-Essig

1 l Weißweinessig
2–3 Knoblauchzehen
1 Limone, in dünne Scheiben geschnitten
3 EL gehackte frische Petersilie
Schale von 2 Zitronen

Ergibt 1 Liter

Orangenessig

1 l Weißweinessig
Schale und Saft von 4 kleinen Orangen
1 EL Koriandersamen, leicht zerdrückt (nach Belieben)

Ergibt 1 Liter

Himbeeressig

450 g Himbeeren
455 ml Weißweinessig
ca. 115 g feiner Zucker oder Zuckerraffinade

1 Himbeeren in eine Schüssel geben, etwas Essig zugeben und die Beeren mit einem Holzlöffel zerdrücken. Restlichen Essig einrühren. Zugedeckt 2 Wochen ruhen lassen, ab und zu umrühren.

2 Essig durch ein Baumwolltuch in einen Topf gießen. Zucker zugeben und unter Rühren erhitzen, bis der Zucker sich aufgelöst hat. Dann 10 Minuten köcheln. Abkühlen lassen und in Flaschen füllen.

Ergibt 450 Milliliter

Würzessig für Saures

1 EL Pimentkörner
2 kleine Zimtstangen
1 EL schwarze Pfefferkörner
1 EL ganze Nelken
2 Muskatblütenhalme
2 Lorbeerblätter, halbiert
2 getrocknete rote Chilis, entkernt
1,1 l Weißwein- oder Rotweinessig

Alle Zutaten in einen Topf geben und aufkochen. Langsam abkühlen lassen. Anschließend in heiße sterilisierte Flaschen geben und verschließen. Schon nach einem Tag schmeckt der Essig. Noch geschmackreicher wird er, wenn er 2–3 Wochen an einem kühlen, dunklen und trockenen Ort ruht. Ist er fertig, entfernen Sie vor der Verwendung die Gewürze.

Ergibt 1,1 Liter

Aromatisierte Öle

Der Erfolg hängt vom Öl ab, das Sie verwenden. Geben Sie dafür lieber etwas mehr aus und kaufen Sie ein qualitativ hochwertiges mildes Raps-, Erdnuss-, Sonnenblumen-, Distel- oder Olivenöl. Diese Öle überlagern nicht den Geschmack der Gewürze und Aromen (abgesehen von einigen sehr kräftigen Nuss- und Olivenölen). Verwende Sie kein Pflanzen- oder Maisöl. Wählen Sie kleine Flaschen und stellen Sie diese an einen kühlen dunklen Ort. Öl wird leicht ranzig, vor allem nach dem Öffnen. Gut aufbewahrt halten ungeöffnete Flaschen 3–6 Monate. Aromatisierte Öle passen zu Salatdressings, Mayonnaisen und anderen Saucen, die auf Öl basieren. Sie können damit aber auch gekochtes Gemüse beträufeln oder Grillfleisch bestreichen; die Öle eignen sich sogar zum Braten, Sautieren und Rührbraten. Eine wahre Delikatesse erhalten Sie, wenn Sie einige Tropfen vom aromatisierten Öl auf ein knuspriges Brot träufeln.

Kräuter-Safran-Öl

½ TL Safranfäden
2 frische Rosmarinzweige
2 frische Estragonzweige
2 Lorbeerblätter
1 l Olivenöl
150 ml Walnussöl

Safranfäden in ein Stück Alufolie wickeln und in einer Pfanne etwa 3 Minuten erhitzen. Den Safran auswickeln, in eine sterilisierte Flasche geben und restliche Zutaten zugeben. Danach wie üblich fortfahren.

Ergibt etwa 1,1 Liter

Ziegenkäse in Öl

8 kleine runde Scheiben Ziegenkäse (je 65 g)
2 Lorbeerblätter
3 frische Thymianzweige
1 frischer Rosmarinzweig
6 schwarze Pfefferkörner
Olivenöl

Käse, Kräuter und Pfefferkörner in ein großes weites Glas legen. Vorsichtig Öl darüber gießen. Danach das Glas fest verschließen und im Kühlschrank 2–3 Wochen gut durchziehen lassen. Binnen 8 Wochen verbrauchen.

Aromatisierter Alkohol

Um aromatisierten Alkohol zu erhalten, gibt man die Aroma-Zutaten und den Zucker in eine Flasche mit breitem Hals und gießt den Alkohol darüber. Das kann Brandy oder Gin sein. Die Flaschen müssen an einem dunklen Ort mindestens 3 Monate ruhen und in den ersten 2 Wochen ab und zu geschüttelt werden. Der Alkohol wird Jahr für Jahr besser. Die Würz-Zutaten können in der Flasche bleiben oder durch ein Sieb abgegossen werden.

Brombeer-Brandy

1 kg Brombeeren
115 g Zuckerraffinade
75 cl Brandy

Die Brombeeren werden mit einem Holzlöffel leicht zerdrückt und in eine Flasche mit breitem Hals gegeben. Anschließend den Brandy zugießen.

Ergibt etwa 1,7 Liter

Orangenwein

Schale von 2 großen Orangen
250 g Zuckerraffinade oder feiner Zucker
1 l trockener Weißwein
115 ml Armagnac oder Brandy

In eine Flasche abfüllen und versiegeln. Nach 2–3 Wochen abgießen. Dann können Sie diesen Wein schon trinken.

Ergibt etwa 1,1 Liter

Aprikosen-Likör

ca. 250 getrocknete Aprikosen, grob gehackt
500 ml trockener Weißwein
knapp 150 g klarer Honig
150 ml Brandy

Aprikosen etwa 12 Stunden im Wein einweichen. Dann in einen Topf geben, langsam aufkochen lassen und Honig einrühren, bis dieser sich aufgelöst hat. Den Topf vom Herd nehmen und zugedeckt an einem kühlen Ort 3 Tage durchziehen lassen, ab und zu umrühren. Abgießen, Brandy zugeben und in eine Flasche füllen. Vor dem Trinken 2–3 Monate ruhen lassen.

Ergibt etwa 1,6 Liter

Obst und Gemüse sauer einlegen

Obst und Gemüse können Sie haltbar machen, wenn Sie es in Essig einlegen; der Essig kann mit Gewürzen angereichert oder gesüßt sein. Wollen Sie Gemüse roh einlegen, muss es zuvor in Salzwasser durchziehen oder gesalzen werden, damit die Flüssigkeit heraustritt. Auf diese Weise kann der Essig seine Wirkung besser entfalten. Gegartes Obst und Gemüse brauchen Sie vorher nicht zu salzen.

AUSSTATTUNG

1 scharfes Messer
1 Schneidebrett
1 schwerer Teller (nach Belieben)
1 großer Topf
1 Stück Musselin (nach Belieben)
1 langes Stück Bindfaden oder Schnur
1 Holzlöffel mit langem Stiel
Küchenpapier
Sterilisierte Gläser (siehe Seite 11)
1 Backblech oder Holzbrett
1 hitzebeständige Schöpfkelle oder Messbecher
1 Einfülltrichter
Saubere Geschirrhandtücher und heißes Spülwasser
Backpapier
Essigbeständige Deckel

ZUTATEN

Obst und Gemüse
Salz (nach Belieben)
Gewürze
Essig
Zuckerraffinade oder brauner Zucker (nach Belieben)

1 Obst und Gemüse wie im Rezept beschrieben vorbereiten. Für rohes Gemüse: In eine ausreichend große Form einschichten, zwischen die einzelnen Lagen Salz streuen, zudecken und über Nacht durchziehen lassen; alternativ mit reichlich Salzwasser begießen und über Nacht durchziehen lassen (siehe Seite 53). Ein schweres Gewicht darauf legen. Gekochtes Obst und Gemüse je nach Rezept vorbereiten. Gut abtropfen und trocknen lassen.

2 Essig wie im Rezept beschrieben vorbereiten. Essig abkühlen lassen. Gewürze können entfernt werden oder auch im Essig bleiben, das hängt von der Stärke des Geschmacks ab, den Sie wünschen. Das rohe gesalzene Gemüse unter kaltem Wasser abspülen, gründlich abtrocknen und auf einem Handtuch zum weiteren Trocknen ausbreiten. Rohes, in Salzwasser eingelegtes Gemüse unter kaltem Wasser abspülen und abtrocknen.

3 Sterilisierte Gläser (siehe Seite 11) auf ein Backblech oder Holzbrett stellen. Gemüse oder Obst in die Gläser legen und oben 2,5 cm frei lassen. Nicht zu locker einschichten, damit keine Lufttaschen entstehen. Nicht zu fest einschichten, damit der Essig sich gut verteilen kann.

3

4 Abhängig vom Rezept und davon, ob Sie eher ein weiches oder knackiges Ergebnis bevorzugen, verwenden Sie kalten oder aufgekochten Essig. Essig in die Gläser geben, oben 1,5 cm frei lassen. Gläser vorsichtig hin und her schütteln, damit Luftblasen entweichen können. „Rutscht“ das Eingelegte nach oben, legen Sie ein wenig zerdrücktes Backpapier darauf, entfernen Sie es nach einigen Wochen. Die Gläser mit Deckeln verschließen (siehe Seite 11). An einem kühlen, dunklen und trockenen Platz 2–3 Monate lagern. Ausnahme: Rotkohl (siehe Seite 115).

4

Fisch marinieren

In Essig oder Zitronensaft eingelegter fetter Fisch ist weltweit unter einer ganzen Reihe unterschiedlicher Namen bekannt. In England isst man marinierte Makrele, in Deutschland Rollmöpse, in Südamerika Seviche, und die Spanier haben ihr Escabèche, Fisch, der zuerst in Öl gegart und dann in Essig oder Zitronensaft eingetaucht wird.

AUSSTATTUNG

1 scharfes Messer
1 Schneidebrett
1 große Schale
1 Messbecher
Backpapier

ZUTATEN

Fisch (je nach Rezept oder Geschmack)

1

2

1 Den Fisch waschen, Flossen und Kopf abschneiden. Fisch in eine große Schale oder Auflaufform legen.

2 Die Einlegflüssigkeit (nach dem jeweiligen Rezept zubereitet) darüber gießen.

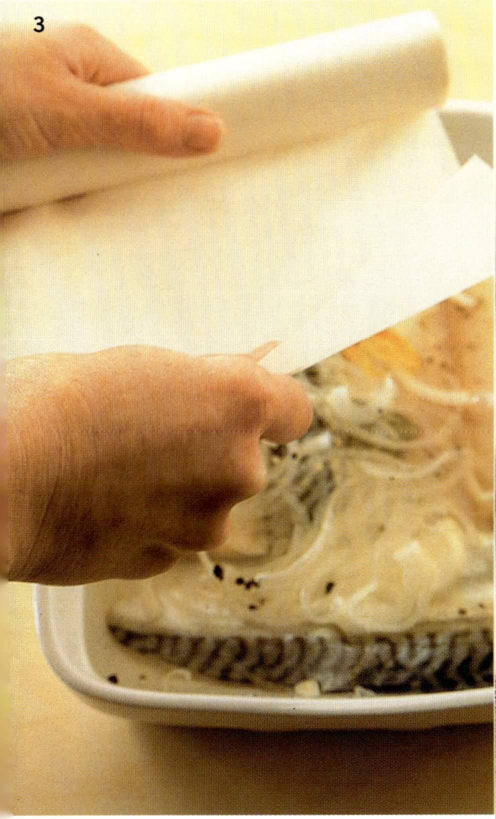

3 Den Fisch mit einer doppelten Lage Backpapier abdecken und im Backofen bei 160 °C (Gas Stufe 2) garen. Makrelenfilets etwa benötigen 1 ¼–1 ½ Stunden.

4 Den Fisch in der Flüssigkleit abkühlen lassen. Zugedeckt hält der Fisch dann 2–3 Tage im Kühlschrank.

Chutneys zubereiten

Chutneys bestehen aus klein geschnittenem Obst und Gemüse, das mit Essig, Zucker und Gewürzen gekocht wird. Es muss so lange köcheln, bis die Zutaten weich sind und die Flüssigkeit praktisch völlig verdampft ist. Es gibt einen einfachen Test: Ziehen Sie mit einem Holzlöffel den Topfboden entlang, füllt sich die Spur nicht sofort mit Flüssigkeit, ist das Chutney fertig. Es gibt fruchtige, würzige und süß-saure Kombinationen.

AUSSTATTUNG

- 1 scharfes Messer
- 1 Schneidebrett
- 1 kleines Stück Musselin oder 1 Gewürzbeutel
- 1 Holzlöffel mit langem Stiel
- Backpapier oder 1 Holzbrett
- 1 hitzebeständige Schöpfkelle oder Messbecher
- 1 Einfülltrichter
- Saubere Geschirrhandtücher und heißes Spülwasser
- Sterilisierte vorgewärmte Gläser (siehe Seite 11)
- Wachsscheiben
- Essigbeständige Deckel
- Etiketten

ZUTATEN

- Gemüse
- Früchte (frisch oder getrocknet)
- Essig
- Gewürze
- Zucker

1 Das Obst und Gemüse vorbereiten; in kleine Stücke schneiden und mit dem Essig und den Gewürzen in einen Topf geben. Verwenden Sie einen Gewürzbeutel, geben Sie die Gewürze hinein, verschließen Sie ihn fest und hängen Sie diesen an den Griff des Topfes. Aufkochen und zugedeckt köcheln lassen, bis Obst oder Gemüse weich (nicht matschig!) sind, das dauert zwischen 30 Minuten und 1½ Stunden. Dabei gelegentlich umrühren.

2 Bei schwacher Hitze den Zucker einrühren. Ist er aufgelöst, Mischung kochen, bis sie eindickt. Ab und zu umrühren. Machen Sie den Gartest mit dem Holzlöffel. Läuft die Spur nicht sofort voll Flüssigkeit, ist das Chutney fertig. Den Gewürzbeutel gegen den Topfrand drücken und anschließend entfernen. Wenn es länger steht, dickt das Chutney weiter ein.

3 Gläser vorbereiten (siehe Seite 11) und mit dem Chutney füllen. Mit Wachsscheiben versiegeln und mit essigbeständigen Deckeln fest verschließen. An einem kühlen, dunklen und trockenen Ort aufbewahren, vor dem Verzehr mindestens 6 Wochen durchziehen lassen.

Mit Fett haltbar machen

Fleisch, Geflügel, Wild und Fisch können Sie konservieren, indem Sie zerlassenes Fett darüber gießen. Die Lebensmittel werden auf diese Weise hermetisch von der Luft abgeriegelt. Das Verfahren eignet sich besonders gut für eingelegtes Fleisch, etwa Rilettes, Confits und Pâtés. Damit die Zutaten nicht verderben, muss das Zubehör absolut sauber sein. Je nach Rezept hält das Eingelegte drei bis vier Wochen. Ist die Oberfläche des Fettes allerdings erst einmal aufgebrochen, müssen Fleisch oder Fisch rasch verzehrt werden.

Fleisch, Geflügel, Wild und Fisch einlegen

Fleisch, Geflügel, Wild und Fisch werden gegart, üblicherweise gebraten oder gebacken, bevor sie in Behälter gelegt und mit Fett übergossen werden.

AUSSTATTUNG

- 1 Topf, z. B. eine Kasserolle
- Gabeln, Küchenmaschine oder Mixer (je nach Rezept)
- Sterilisierte kleine Behälter, etwa Steingut-Ramequins, Souffléformen oder Töpfe

ZUTATEN

- Je nach Rezept unterschiedlich (Fleisch, Geflügel, Wild oder Fisch)
- Fett (abhängig vom Rezept)

1 Die ausgewählte Zutat wie im Rezept angegeben langsam garen. So können Feuchtigkeit und Fett austreten.

2 Garflüssigkeit und Fett abgießen; das Fett zum Konservieren aufbewahren.

3 Je nach Rezeptangabe die Zutat pürieren oder zerkleinern.

4 Anschließend in die Behälter geben, darauf achten, dass keine Luftpolster entstehen. Die Oberfläche glatt streichen und den Behälter 3–4 Stunden in den Kühlschrank stellen.

5 Das abgegossene Fett langsam erhitzen, dann über das Nahrungsmittel gießen. Die Fettschicht auf der Zutat sollte mindestens 1,5 cm dick sein. An einem kühlen Ort ruhen lassen.

6 Behälter verschließen und 3–4 Wochen (hängt vom Rezept ab) im Kühlschrank aufbewahren.

5

4

AUSSTATTUNG

Das hängt vom jeweiligen Rezept ab (Fleisch oder Fisch)

1 hitzebeständige Steingut-Terrine oder 1 ähnliche Form

ZUTATEN

Je nach Rezept unterschiedlich

Pâtés zubereiten

Fleisch, Geflügel, Wild oder Fisch werden hierfür im Behälter gegart. Im Handel erhältliche Pâtés erhalten meist Konservierungsstoffe.

1 Die Zutaten nach den jeweiligen Rezeptangaben vorbereiten.

1

2

3

2 Die Steingut-Terrine mit Speckscheiben vom Schwein (Bacon) auslegen.

3 Die vorbereiteten Zutaten in die Terrine füllen, gut in die Ecken streichen, damit keine Luftpolster entstehen. Die Terrine mehrmals auf der Arbeitsfläche aufschlagen, damit die Masse sich gut setzt und die Luft entweichen kann.

4 Speckstreifen auf die Masse legen; die Form so abdecken, dass der Dampf entweichen kann.

5 Terrine in den Bräter stellen, diesen auf den Backofenrost stellen. So viel Wasser hineingießen, dass die Form bis zur Hälfte darin steht. Nach Angaben des Rezeptes backen. Die Pâté sollte sich vom Rand lösen, das Fett an den Seiten durchsickern. Pâté aus dem Ofen nehmen, abkühlen lassen.

6 Die leicht abgekühlte Pâté mit Backpapier bedecken. Gewichte darauf legen und vollständig auskühlen lassen. Mindestens 1 Tag in den Kühlschrank stellen und dann innerhalb von 3 Tagen essen.

Trocknen und dörren

Unsere Vorfahren konservierten viele Lebensmittel, indem sie diese von Sonne und Wind ganz einfach trocknen ließen – etwa Obst, Gemüse, Bohnen, Fleisch, Würste und Fisch. Heutzutage erfolgt der Trocknungsprozess in erster Linie industriell. Wer zu Hause Lebensmittel trocknen will, ist in der Auswahl eher begrenzt: einige Obst-, Gemüse- und Kräutersorten sowie Orangenschalen eignen sich gut dafür. Das Trocknen im Freien stärkt das natürliche Aroma, doch die wenigsten von uns leben in einem geeigneten Klima, das stabile Wärme, geringe Luftfeuchtigkeit und viel frische, saubere Luft bietet. Stattdessen müssen wir uns mit dem Backofen begnügen.

AUSSTATTUNG

1 scharfes Messer
1 Schneidebrett
1 Rost bzw. Drahtgestell
Alufolie
Backpapier

ZUTATEN

Lebensmittel zum Trocknen (Obst, Gemüse, Kräuter)

Im Backofen trocknen (dörren)

Die Lebensmittel können nicht immer mit dem Aussehen industriell gefertigter Produkte konkurrieren. Vor allem die Farbe kann sich verändern.

1 Suchen Sie Zutaten von guter Qualität aus, die keine schadhaften Stellen haben. Obst sollte gerade reif sein und muss evtl. geschält, entkernt oder entsteint werden. Wurzel- und Knollengemüse trocknet meist besser als Blätter oder Stängel.

2 Gemüse in dünne Scheiben schneiden und blanchieren (Ausnahmen: Tomaten, Paprikaschoten, Okra, Pilze, rote Bete und Zwiebeln). Pilzstängel entfernen. Pfirsiche und Pflaumen halbieren und entkernen.

3 Äpfel und Birnen und andere Zutaten, die sich verfärben, in eine Mischung aus 6 Esslöffeln Zitronensaft und 1 Liter Wasser tauchen.

Trocknungszeiten (Backofen)

Apfelscheiben	6–8 Stunden
Aprikosen, halbiert und entsteint	36–48 Stunden
Bananen, geschält und längs halbiert	10–16 Stunden
Ganze Beeren	12–18 Studen
Kirschen, entsteint	18–24 Stunden
Kräuter, als Bund	12–16 Stunden
Pfirsiche, geschält, halbiert, entsteint	36–48 Stunden
Pfirsiche, geschält, halbiert, in Scheiben	12–16 Stunden
Birnen, geschält, halbiert, entkernt	36–48 Stunden
Ananas, 5 mm dicke Ringe	36–48 Stunden
Pflaumen, halbiert	18–24 Stunden
Gemüse, 5 mm dicke Scheiben	2 Stunden
Gemüse, 1,5 cm dicke Scheiben	7–8 Stunden

4 Einen Rost auf ein mit Folie belegtes Backblech stellen. Zutaten auf dem Rost ausbreiten, genug Platz zwischen den einzelnen Stücken lassen. Halbierte Früchte mit der Schnittseite nach unten darauf legen. Den Backofen auf die geringste Stufe stellen (meist 60 °C). Das Backblech mit dem Rost in den Ofen schieben, die Backofentür einen Spalt offen lassen, damit die Feuchtigkeit abziehen kann.

5 Nach halber Backzeit die Zutaten wenden. Bei mehreren Blechen gleichzeitig die Bleche vertauschen. Warten, bis die Zutaten trocken und ledrig sind.

6 Abkühlen lassen, dann in luftdichte Behälter legen, zwischen die einzelnen Lagen kommt Backpapier. Kühl stellen (aber nicht in den Kühlschrank).

Lufttrocknen

1 Obst oder Gemüse ggf. vor Verfärbung schützen (siehe links).

2 Früchte oder Gemüse auf Trockengestelle legen. So abdecken, dass von allen Seiten Luft an das Obst oder Gemüse herankommt. Alternativ auf Schnüre ziehen und aufhängen.

3 An einen warmen und trockenen Ort stellen (nicht in die feuchte Küche), z. B. in einen gut durchlüfteten Schrank oder auf die Zentralheizung. Die Zutaten sind fertig, wenn sie leicht schrumpelig aussehen.

Kräuter lufttrocknen

Kräuter mit festen Blättern, etwa Thymian und Rosmarin, lassen sich besser trocknen als weich-blättrige wie Basilikum.

1 Pflücken Sie die Kräuter, bevor sie in Blüte schießen; am besten frühmorgens, bevor die Sonne zu heiß vom Himmel scheint. Wollen Sie Kräuter im Bund trocknen, müssen die Stiele möglichst lang sein.

3

5

1

2 Im Bund trocknen: Die Kräuter mit einem dicken Faden zusammenbinden und 3 Tage an einem warmen trockenen Ort aufhängen, wo kein direktes Sonnenlicht hereinkommt.

3 Alternativ die Kräuter auf einem mit einem Mulltuch (so kann die Luft zirkulieren) belegten Rost ausbreiten und 3–5 Tage in einen Schrank stellen (es sollte dort warm sein).

4 In 3 Tagen lassen sich die Kräuter trocknen, wenn man sie in kleine zugebundene Papierbeutel mit winzigen Löchern an einen warmen trockenen Ort legt.

5 Kräuter sind fertig, wenn Stängel und Blätter brüchig, aber noch grün sind. Zerreibt man sie zwischen den Fingern, zerbröseln sie. Wer ganze Blätter haben will, kann sie von den Stängeln zupfen, in einen luftdichten Behälter legen und an einem kühlen, dunklen und trockenen Ort aufbewahren.

Dörrapparat verwenden

Wollen Sie große Mengen trocknen, könnte sich die Anschaffung eines Dörrapparates lohnen. Sie sind recht teuer und deshalb sollte man sich den Kauf gut überlegen. Ihre Handhabung ist äußerst einfach. Weitere Instruktionen entnehmen Sie die Angaben des Herstellers.

1 Legen Sie die vorbereiteten Zutaten mit etwas Abstand auf die stapelbaren Bleche.

2 Schalten Sie den Thermostat ein. Bleche in den Apparat stellen, Deckel fest auflegen und die angegebene Zeit abwarten. Die Bleche müssen nicht umplatziert werden.

3 Bleche herausnehmen und die Zutaten völlig abkühlen lassen, bevor sie verpackt und gelagert werden.

Nahrungsmittel einsalzen

Die Haltbarkeit verlängert sich, wenn man Lebensmittel mit Salz bestreut oder in Salzlösungen (Lake) einlegt. Das Salz wirkt wasserentziehend und hemmt mikrobiologische Vorgänge. Heute wird Nahrung nicht mehr so stark gesalzen, die Folge: Sie verdirbt schneller. Achten Sie auf Hygiene, die Temperatur der Umgebung sollte deshalb 5 °C nicht überschreiten und es dürfen keine Insekten herumfliegen. Da Salpeter für Sie schwer zugänglich ist, müssen Lebensmittel wie frische Nahrung behandelt werden.

AUSSTATTUNG

- 1 Topf
- 1 Holzlöffel
- 1 Schaumlöffel
- 1 Sieb
- 1 Messbecher
- 1 tiefer Steingut-Topf oder ein anderes Gefäß
- 1 kleiner Teller, der auf den Topf passt
- Gewichte

ZUTATEN

- Meersalz
- Zucker (nach Belieben, je nach Rezept)
- Gewürze und Kräuter (je nach Rezept)
- Lebensmittel zum Einlegen

In Lake einlegen

Um Fleisch auch ohne Salpeter haltbar zu machen, muss die Salzlake eine Konzentration von 10 Prozent haben. Für einfach gesalzenes Fleisch, das dann sofort gegart wird, reicht eine geringere Salzkonzentration. Das Fleisch büßt hierbei seine rosa Farbe ein. Die Dauer des Einlegens hängt davon ab, wie groß das Stück Fleisch ist und wie salzig das Ergebnis sein soll.

1

2

3

1 Salzlake zubereiten: Dafür mit einem Holzlöffel 750 g Salz in 2,75 l Wasser einrühren. 300 g braunen Zucker und je nach Rezept Gewürze hinzufügen, z. B. 2 Esslöffel zerdrückte Wacholderbeeren, 3 Lorbeerblätter oder einige Thymianzweige. Schaum von der Oberfläche abschöpfen, abkühlen lassen, dann durch ein Sieb abgießen.

2 Das Fleisch in die Steingut-Form legen. Anschließend die erkaltete Lake darüber gießen, das Fleisch muss völlig bedeckt sein. Mit einem Teller abdecken. Ggf. mit Gewichten beschweren.

3 Für die im Rezept angegebene Zeit an einen kühlen, insektenfreien, gut durchlüfteten Platz stellen. Eine Schweinshaxe etwa benötigt 7–10 Tage. Täglich die Lake prüfen: Ist sie noch „süß“ genug? Riecht sie bereits schlecht? Ist die Konsistenz schon miserabel?

4 Das Fleisch aus der Lake nehmen, abspülen und garen.

Trocken einsalzen

AUSSTATTUNG

1 tiefe Steingut-Form oder ein anderes Gefäß
1 Holzlöffel

ZUTATEN

Nahrungsmittel, das gesalzen werden soll
Salz
Gewürze und Kräuter (je nach Rezept)

1 Das entsprechende Nahrungsmittel wie im Rezept beschrieben vorbereiten.

2 Das Salz und die Gewürze vermengen. Die Steingut-Form dick mit Salz bestreuen.

3 Das Nahrungsmittel auf die Salzschicht legen, weiteres Salz in die Lücken zwischen Zutaten und Form streuen und alles mit einer dicken Schicht Salz bedecken.

4 An einen kühlen trockenen Platz oder in den Kühlschrank stellen (Zeit siehe Rezept). Dauer hängt davon ab, wie groß die Zutat ist und wie salzig das Ergebnis sein soll. In einigen Rezepten ist es erforderlich, die Zutat mit Salz einzureiben.

5 Vor dem Servieren die ausgetretene Flüssigkeit mit Küchenpapier abtupfen.

Hinweis Salzen Sie Fleisch trocken ein, muss das Salz abgespült werden und das Fleisch zum Trocknen an einem kühlen, trockenen, insektenfreien Ort aufgehängt werden. Danach kann es in den Kühlschrank. Wollen Sie das Fleisch sofort garen, muss es über Nacht in kaltem Wasser weichen und gut abtropfen. Fleisch in einem großen Topf mit kaltem Wasser bedecken und Bouquet garni, Petersilienzweige, geviertelte Zwiebeln, gehackte Möhren und einige Wacholderbeeren zugeben. Aufkochen lassen und dann 25–30 Minuten köcheln (bei 450 g Gewicht), ggf. Wasser nachgießen.

Schinken einsalzen

Schinken ist nicht gleich Schinken. Italienischer Prosciutto schmeckt ganz anders als ein Schwarzwälder. Eins haben sie jedoch gemein: Sie werden aus der Schweinekeule hergestellt. Der Geschmack hängt von mehreren Faktoren ab, etwa von Rasse, Alter und Ernährung des Schweins. Auch von der Art des Salzens (Lake oder trocken), der Dauer des Einsalzens und dem Alter des Schinkens hängt das Ergebnis ab. Nicht nur das: Wurde der Schinken geräuchert oder luftgetrocknet, welches Holz wurde zum Räuchern verwendet und in welcher Luft wurde er getrocknet? Geschmack und Qualität eines Schinkens haben also, wie Sie sehen können, viele Ursachen.

Mediterrane Schinken werden zunächst eingesalzen und dann luftgetrocknet, deutsche Schinken erst gepökelt (Kochsalz und Natriumnitrit) und dann geräuchert. Meist werden die Schinken in Salzlake eingelegt. Nicht selten wird die Lake auch direkt ins Fleisch gespritzt. Manchmal werden diese beiden Verfahren miteinander kombiniert, um den Vorgang zu beschleunigen. Das Trockensalzen ist ein langwieriger, arbeitsaufwändiger Prozess. Immer wieder muss der grüne Schinken per Hand mit Salz eingerieben werden. Der Vorteil: Man benötigt weniger Salz und der Schinken gewinnt an Qualität. In vielen Fällen werden Konservierungsstoffe zugefügt, z. B. Natriumnitrit, um die rosa Farbe zu erhalten. Auch Aromen werden gern zugegeben, etwa Kräuter, Gewürze, Wein, Honig, brauner Zucker oder Melasse.

Ist der Schinken fertig, wird das überflüssige Salz entfernt. Nun kann er geräuchert, luftgetrocknet oder mit einer Kombination aus beidem weiterbehandelt werden. Das ist je nach Region unterschiedlich: Manchmal wird er unter Holzasche begraben, ein anderes Mal an einem kühlen, trockenen Platz luftgetrocknet. Andernorts räuchert man den Schinken über Buche, Eiche oder Hickory.

Es gibt im Wesentlichen zwei Arten von Schinken: Rohen, etwa Prosciutto, Bayonne und Westfälischer und Schwarzwälder Schinken und gekochten Schinken. Letztere werden gepökelt, in Brühe gegart und anschließend gebacken.

Räuchern

Das Räuchern unterbindet nicht nur das Wachstum von Mikroorganismen, es verleiht den Nahrungsmitteln auch einen besonderen Geschmack. Ursprünglich wurde es mit Einsalzen und Trocknen kombiniert. Heutzutage werden Nahrungsmittel eher des Geschmacks wegen geräuchert, die Konservierung steht nicht mehr im Vordergrund. Es gibt zwei Räucher-Verfahren: Kalt- und Heißräuchern.

AUSSTATTUNG

1 Behälter
1 Gerät zum Räuchern
Brennmaterial

ZUTATEN

Salz
Nahrungsmittel, z. B. ganze Fische oder Fischfilets, Fleisch oder Geflügel, Würste

Heißräuchern

Es gibt verschiedene Möglichkeiten, dies auch zu Hause zu bewerkstelligen. Beispielsweise auf chinesische Art in einem Wok oder auf einem Grill. Sie können sich natürlich auch einen kleinen Räucherofen anschaffen. Beim Heißräuchern liegt die Temperatur zwischen 80 und 100 °C. Die Haltbarkeit des Räucherguts beträgt nur einige wenige Tage.

1 Wer mag, kann eine dicke Schicht Salz auf den Fisch streuen, ihn in einen Behälter legen und diesen dann zugedeckt an einem kalten Platz 3–5 Stunden ruhen lassen. Unter kaltem Wasser das Salz abspülen und gründlich abtrocknen. Viele Nahrungsmittel können aber auch mariniert werden.

2 Den Fisch auf den Rost des Räuchergerätes legen, genügend Abstand zwischen den Stücken lassen. Oder die Teile an einen Haken des Deckels hängen.

3 Holzspäne (Eiche, Buche etc.) auf den Boden des Räuchergerätes geben und evtl. Gewürze oder Kräuter mit hineingeben. Die Einlage, die Wasser oder andere Flüssigkeiten enthält, darauf legen. Entweder den Rost mit den zu räuchernden Nahrungsmitteln darauf stellen oder den Deckel auflegen.

4 Mit Brennmaterial die Holzspäne zum Qualmen bringen. Je nach Rezept die Fische räuchern. Eine Forelle z. B. benötigt 35–45 Minuten, abhängig von Temperatur, Größe des Fisches und individuellem Geschmack. Der Fisch ist gar, wenn er sich leicht auseinander pflücken lässt, beim Geflügel tritt klarer Saft aus.

5 Fisch vom Räuchergerät nehmen und entweder sofort essen oder abkühlen lassen, abdecken und in den Kühlschrank stellen. Möglichst innerhalb von 2 Tagen verbrauchen.

Kalt geräucherter Lachs

Keine leichte Aufgabe, einen traditionell geräucherten Lachs von guter Qualität auf den Tisch zu bringen. Wichtig ist zuallererst einmal ein erstklassiger Lachs. Dann erfordert es Sachkenntnis, den Fisch ausreichend lange zu salzen, zu trocknen und zu räuchern. Die Dauer hängt von der Größe, Beschaffenheit und vom Fettgehalt des Lachses ab. Die richtige Räuchertemperatur muss ebenfalls auf die Besonderheiten des Fisches abgestimmt sein.

Von Ort zu Ort gibt es Unterschiede, was die Vorbereitung beim Räuchern eines Lachses anbetrifft. Jeder, der räuchert, hat zudem seine besonderen Geheimnisse. Davon – und von der Art des Räucherns – hängt das Geschmacksergebnis ab. Schottischer Lachs wird z. B. meist milder behandelt als Lachs, der später einmal als Lox verwendet werden soll.

Vor dem Räuchern muss der Lachs gründlich gesäubert und filetiert werden. Anschließend kann er trocken eingesalzen oder in Salzlake eingelegt werden, um die natürlichen Säfte zu entziehen. Blieben diese im Fisch, würde er beim Räuchern statt zu garen eher zu einem „matschigen Eintopf" verkommen. Nach 12–20 Stunden ist der Fisch dann soweit. Das Salz wird abgespült und der Lachs wird vor dem eigentlichen Räuchern für einige Stunden in die kalte Räucherkammer gehängt, um vollständig zu trocknen.

Abhängig von der Art der Räucherapparates kann der Lachs nun mit einem in Whisky getauchten Tuch abgerieben oder mit braunem Zucker eingerieben werden. Ist der geräucherte Lachs dunkelrot oder tief orange, wurde zudem Farbstoff verwendet.

Wird traditionell geräuchert, verwendet man allgemein Holzspäne aus alten Whisky- oder Sherryfässern aus Eiche. In Großbritannien bilden meist Eichespäne das Brennmaterial, während man in den Vereinigten Staaten wiederum Hickory bevorzugt. Wacholder, Buche, ja sogar Heidekraut wird zum Räuchern verwendet. Die Holzspäne werden vor dem Anzünden in Wasser eingeweicht, auf diese Weise schwelt sie statt zu brennen.

Den Fisch kann man auf Regale legen oder an Haken hängen. Kalt geräucherter Lachs benötigt etwa 7–8 Stunden bei 25 °C. Dann muss er gut abkühlen, bevor er im Ganzen oder in hauchdünne Scheiben geschnitten vakuumverpackt wird.

Tiefgefrieren

Das Einfrieren von Lebensmitteln bei einer Temperatur unter –18 °C bewahrt diese vor Bakterien und damit vor dem Verderben. Die Nahrung sollte möglichst rasch tiefgefrieren, um die Bildung größerer Eiskristalle zu verhindern. Diese greifen die Zellwände an, die Folge: Aufgetautes kann die Flüssigkeit nicht loswerden und „kollabiert". Das Auftauen sollte hingegen langsam erfolgen.

AUSSTATTUNG

- Behälter, die zum Tiefgefrieren geeignet sind
- Gefrierbeutel
- Frischhaltefolie
- Alufolie
- Kunststoffbehälter

Das lässt sich schlecht einfrieren

- Ganze Erdbeeren
- Ganze Tomaten
- Knoblauch
- Eier in der Schale
- Hart gekochte Eier
- Sahne mit weniger als 40 % Fett
- Mayonnaisen
- Saucen, die mit Ei angedickt wurden
- Kartoffeln
- Gekochte Bratenstücke

1 Sollen mehr als 1 Kilogramm in die Truhe, muss der Schnellfroster eingeschaltet werden. Verwenden Sie entsprechende Behälter und Folie, um die Nahrung vor dem Gefrierbrand zu schützen, z. B. dicke Gefrierbeutel, Frischhalte- oder Alufolie und Kunststoffdosen.

2 Nahrungsmittel vorbereiten und sicherstellen, dass es vollständig erkaltet ist.

3 Gemüse muss vor dem Einfrieren blanchiert werden, damit Farbe, Geschmack, Beschaffenheit und Nährwert erhalten bleiben und Enzyme zerstört werden, die sonst das Gefriergut angreifen könnten. Vorbereitetes Gemüse evtl. portionsweise in einen Gareinsatz geben, diesen in einen Topf mit kochendem Wasser stellen, abdecken und aufkochen lassen. Kurz im Wasser blanchieren, dann den Einsatz herausnehmen und in eine Schüssel eiskaltes Wasser tauchen. Abgekühltes Gemüse abtropfen lassen.

4 Blaubeeren, schwarze und rote Johannisbeeren, Brombeeren, Stachelbeeren und Himbeeren zuerst auf einem mit Backpapier belegten Tablett ausbreiten und anfrosten. Erst dann in Behälter legen.

5 Glasierte und verzierte Kuchen können ebenfalls erst schockgefroren werden, bevor man sie fest eingewickelt.

6 Nahrungsmittel in geeignete Behälter legen. Ist ein Behälter nicht mit fester Nahrung gefüllt, kann man zerdrücktes Küchenpapier darauf legen (beim glasierten Kuchen warten, bis er angefroren ist). Bei Flüssigkeiten sollten oben 2,5 cm frei bleiben, damit sie sich ausdehnen können.

7 Saucen, Suppen, Pürees, Kasserollen etc. kann man in einen Gefrierbeutel geben, der zuvor in eine rechteckige Dose gelegt wurde. Oben 2,5 cm frei lassen. Ist das Gefriergut fest geworden, lässt sich der Beutel aus der Dose nehmen, fest verschließen und beschriften.

8 Hat das Gefriergut die gewünschte Temperatur, den Thermostat wieder auf die normale Einstellung zurückstellen.

9 Bis auf wenige Ausnahmen – Gemüse und Fisch können gefroren gegart werden – müssen die Lebensmittel vor der Weiterverarbeitung aufgetaut werden.

10 Kräuter, etwa Petersilienzweige, legt man am besten locker in Gefrierbeutel, ohne die Kräuter zu zerdrücken. Gehackte Kräuter können dagegen allein oder vermischt mit anderen in kleine Gefrierdosen gefüllt werden, die man in eine größere beschriftete legt. Stellen Sie etwa provenzalische Kräuter aus Basilikum, Oregano, Thymian, Petersilie und Rosmarin zusammen. Man kann die gehackten Kräuter auch in Eiswürfelbehälter geben und mit etwas Wasser einfrieren. Die gefrorenen Würfel passen in Gefrierbeutel oder -dosen. Sie können tiefgefrorene Kräuter unaufgetaut verwenden.

Lagerungszeiten

ROHES FLEISCH	
Rind	8 Monate
Lamm	6 Monate
Schwein	6 Monate
Frisches Hackfleisch	3 Monate
Leber	3 Monate
Wurst	3 Monate
Schinken und andere Räucherwaren	1–2 Monate
Geräucherter Bacon	2 Monate
Frischer Bacon	1 Monat
Geräucherte Baconscheiben	2 Monate
Frische Baconscheiben	1 Monat
GEGARTES FLEISCH	
Kasserolle, Eintopf etc.	2 Monate
ROHES GEFLÜGEL UND WILD	
Hähnchen	12 Monate
Truthahn / Pute	6 Monate
Ente und Federwild	6 Monate
Reh	12 Monate
ROHER FISCH	
Weißfisch und fetter Fisch	3 Monate
Geräucherter Fisch	6 Wochen
Schalentiere	1 Monat
MILCHPRODUKTE	
Ungesalzene Butter	6 Monate
Gesalzene Butter	3 Monate
Sahne, + 40 %	3 Monate
Weichkäse	6 Wochen
Hartkäse	3 Monate
Geriebener Hartkäse	6 Monate
Milch	1 Monat
BACKWAREN	
Knuspriges Brot und Brötchen	1 Monat
Weiß-, Misch- und Schwarzbrot	6 Monate
Ungebackener Kuchenteig	1 Monat
Gebackener Kuchen	4 Monate
Ungebackener Mürbeteig	3 Monate
Gebackener Mürbeteig	6 Monate
GEMÜSE	
Fast alle Sorten	12 Monate
Rohe Pilze	1 Monat
Gegarte Pilze	3 Monate
Zwiebeln	3 Monate
Kräuter	6 Monate

2 Richtig einmachen

Apfelgelee mit Honig

Äpfel, geschält, entkernt und grob gehackt (siehe Methode)
Wasser (siehe Methode)
Zucker (siehe Methode)
Honig (siehe Methode)
Ganze Nelken (siehe Methode)
1 Stück frischer Ingwer (siehe Methode)
1 Stück Zimtrinde (siehe Methode)

570 ml Saft ergeben 700 g Gelee

Ein Rezept meiner Großmutter, die auf dem Land lebte. Dafür sammelten wir fleißig das Fallobst unter den Obstbäumen auf. Die Verbindung von warmen Gewürzen, Honig und Apfel ergibt ein ganz besonderes Gelee – viel weicher als Gelees, die nur mit Zucker gekocht werden.

1 Äpfel und 570 ml Wasser (pro Kilogramm Äpfel) in einen Topf geben. Ohne Deckel langsam köcheln, bis die Äpfel sehr weich sind.

2 Einen Baumwollbeutel über eine Schüssel hängen und den Inhalt des Topfes hineingeben. Eine Nacht Nacht lang an einem kühlen Ort stehen lassen.

3 Festes Fruchtfleisch aus dem Beutel wegwerfen. Saft abmessen und in einen Topf geben. Für jeweils 570 ml Saft 450 g Zucker, 115 g Honig zugeben. In einen Gewürzbeutel 3 ganze Gewürznelken, ein Stück frischen Ingwer und ein Stück Zimtrinde geben. Das Ganze langsam erhitzen, bis Zucker und Honig aufgelöst sind, bis zum Siedepunkt (siehe Seite 23) bringen und köcheln lassen.

4 Gewürzbeutel entfernen. Gläser vorbereiten und mit dem Gelee füllen (siehe Seite 11), anschließend mit Wachsscheiben und Zellophan (siehe Seite 14) versiegeln. Abkühlen lassen. Beschriften und an einem kühlen, dunklen und trockenen Ort 2–3 Tage vor dem Verzehr ruhen lassen. Hält 1 Jahr.

Apfel-Feigen-Chutney

1,4 kg Äpfel, geschält, entkernt und gehackt
1,4 kg Zwiebeln, gehackt
400 g getrocknete Feigen, gehackt
570 ml Weißweinessig
4 TL gemahlener Ingwer
½ TL Cayennepfeffer
450 g brauner Zucker

Ergibt etwa 6 Pfund

Dieses süß-herzhafte Chutney passt hervorragend zu einem reifen pikanten Käse und geräuchertem Hähnchen bzw. Pute.

1 Alle Zutaten außer Zucker in einen Topf geben und bei mittlerer Hitze aufkochen.

2 Ohne Deckel bei schwacher Hitze köcheln, bis die Äpfel weich sind.

3 Bei schwacher Hitze den Zucker einrühren. Ist er aufgelöst, das Ganze ohne Deckel etwa 1½ Stunden köcheln lassen. Ab und zu umrühren, um Klumpenbildung zu vermeiden. Ziehen Sie mit dem Holzlöffel einmal über den Topfboden: Rinnt keine Flüssigkeit in die Spur, ist das Chutney fertig. Es dickt beim Stehen zusätzlich ein.

4 Die Gläser vorbereiten und mit dem Chutney füllen (siehe Seite 11), mit Wachsscheiben und essigbeständigen Deckeln (siehe Seite 14) fest verschließen. Abkühlen lassen, dann beschriften und an einem kühlen, dunklen und trockenen Ort mindestens 6 Wochen vor dem Verzehr ruhen lassen. Hält 1 Jahr.

Gegenüber: Apfelgelee mit Honig

Eingelegte Vanille-Aprikosen

Aprikosen-Orangen-Butter

Saft und Schale der Orangen verstärken das Aroma der Aprikosen. Wenn Sie es noch mehr hervorheben möchten, geben Sie einfach vier Esslöffel Aprikosenlikör kurz vor dem Ende der Garzeit hinzu.

1,4 kg reife Aprikosen, halbiert und entsteint
Saft und Schale von 2 Orangen
Wasser (siehe Methode)
Zucker (siehe Methode)

Ergibt 1,4 kg

1 Aprikosen, Orangensaft und -schale in einen Topf geben, soviel Wasser zufügen, dass die Aprikosen gut bedeckt sind. Ohne Deckel 45 Minuten köcheln, zwischendurch ab und zu mit dem Holzlöffel umrühren.

2 Mit einem Holzlöffel das Fruchtfleisch durch ein feines Sieb in einen sauberen Topf streichen. Für je 570 ml Püree 350 g Zucker zugeben. Unter Rühren erhitzen, bis der Zucker sich aufgelöst hat. Dann aufkochen und 20–40 Minuten unter ständigem Rühren eindicken.

3 Gläser vorbereiten und mit der Butter füllen (siehe Seite 11), anschließend mit Wachsscheiben und Zellophan versiegeln (siehe Seite 14). Abkühlen lassen. Beschriften und an einem kühlen, dunklen und trockenen Ort 1 Woche vor dem Verzehr ruhen lassen. Hält 1 Jahr.

Eingelegte Vanille-Aprikosen

Statt ganze Vanilleschoten zu verwenden, können Sie Orangenschale oder Zimtstangen zugeben. Sie können natürlich auch mit exotischen Gewürzen experimentieren und Kardamom und Sternanis hinzufügen.

Ca. 1,4 kg feste reife Aprikosen
115 g Zucker
115 ml frisch gepresster Zitronensaft
570 ml Wasser
2 ganze Vanilleschoten

Ergibt etwa 2,25 l

1 Aprikosen 20–30 Sekunden in kochendes Wasser tauchen. Sofort mit einem spitzen Messer die Haut von den Früchten abziehen. Aprikosen abkühlen lassen.

2 Zucker, Zitronensaft und Wasser in einen Topf geben und bei schwacher Hitze unter Rühren den Zucker auflösen. Dann aufkochen.

3 Aprikosen in den Sirup geben und 10 Minuten darin pochieren. Bei Bedarf auch portionsweise pochieren.

4 Die Aprikosen mit einem Schaumlöffel in sterilisierte 1-l-Gläser füllen. Vanilleschoten der Länge nach aufschlitzen und in jedes Glas 2 Hälften legen.

5 Sirup 5 Minuten kochen, dann in die Gläser geben, 1,5 cm oben frei lassen. Gläser leicht schütteln und dann versiegeln. Im Wasserbad haltbar machen (siehe Seite 16).

6 An einem kühlen, dunklen und trockenen Ort etwa 1 Monat vor dem Verzehr ruhen lassen. Innerhalb von 12–18 Monaten verbrauchen.

Aprikosenkuchen

225 g Mehl
½ TL Backpulver
1 Prise Salz
55 g feiner Zucker
150 g kalte Butter, gewürfelt
1 Eigelb
einige Tropfen Vanille-Aroma
2 EL Wasser
300 ml Schlagsahne, so fest geschlagen, dass ein Messerschnitt sichtbar bleibt
225 g Mascarpone-Käse
7 eingelegte Vanille-Aprikosen (siehe Seite 65), abgetropft und halbiert
4 EL Flüssigkeit aus den eingelegten Vanille-Aprikosen
3 EL Aprikosenkonfitüre (durch ein Sieb gestrichen)
3 EL Mandellikör

Ergibt 6 Portionen

Der Kuchen wird etwas leichter, wenn Sie statt Ricotta-Käse oder Joghurt – beides wird cremig aufgeschlagen – Mascarpone-Käse verwenden.

1 Mehl, Backpulver, Salz und Zucker vermengen. Butter einarbeiten, bis der Teig krümelig ist. Eigelb, Aroma und Wasser unterrühren, bis ein glatter Teig entsteht. Ggf. zusätzliches Wasser zugeben, wenn der Teig zu trocken ist. Auf einer bemehlten Arbeitsfläche gut durchkneten. Zugedeckt 30 Minuten kalt stellen.

2 Den Teig ausrollen und in eine Obstbodenform (22 cm) legen, restlichen Teig an den Rand drücken. Boden mehrfach mit einer Nadel einstechen und 1 Stunde einfrieren.

3 Den Backofen auf 200 °C (Gas Stufe 6) vorheizen. Den Boden der Form mit Backpapier belegen und Erbsen darauf legen, Kuchen 15 Minuten blindbacken. Herausnehmen, Erbsen entfernen und in 8–10 Minuten goldbraun backen. Form auf einen Rost stellen, Kuchen auskühlen lassen.

4 Mascarpone mit einem Holzlöffel oder Schneebesen aufschlagen und die geschlagene Sahne unterheben. Auf den erkalteten Boden streichen.

5 Die Aprikosen darauf legen. Aprikosenflüssigkeit, Konfitüre und Likör zu einem Sirup kochen und die Aprikosen damit bestreichen. Den Kuchen 15 Minuten kalt stellen.

Brombeerpüree

Brombeer-Apfel-Konfitüre mit Kardamom

Brombeere und Apfel harmonieren bestens miteinander, so, als hätte die Natur sie für eine Partnerschaft auserkoren. In diesem Rezept wird der Geschmack der Früchte durch Kardamomsamen noch hervorgehoben.

350 g Äpfel, geschält, entkernt und in Stücke geschnitten
150 ml Wasser
1 kg Brombeeren
575 g Zucker
Samen von 3 Kardamomkapseln, leicht zerdrückt
Saft von ½ Zitrone

Ergibt etwa 1,5 kg

1 Äpfel und Wasser in einen Einmachtopf geben, kurz aufkochen lassen, dann etwa 15 Minuten köcheln lassen, bis die Äpfel weich sind.

2 Brombeeren und Zucker zufügen und einige Minuten köcheln lassen. Kardamomsamen in einen kleinen Gewürzbeutel geben und mit dem Zitronensaft hinzufügen. 15 Minuten kochen oder so lange, bis der Siedepunkt erreicht ist (siehe Seite 23).

3 Gewürzbeutel herausnehmen. Gläser vorbereiten und die Konfitüre einfüllen (siehe Seite 11), dann mit Wachsscheiben und Zellophan versiegeln (siehe Seite 14). Abkühlen lassen. Vor dem Verzehr mindestens 3 Wochen an einem kühlen, dunklen und trockenen Ort ruhen lassen. Hält 1 Jahr.

Brombeerpüree

Noch ein Rezept von meiner Großmutter. Die vielen Äpfel aus ihrem Garten kombinierte sie hier mit Brombeeren aus der Region.

1,1 kg Brombeeren
450 g Äpfel, gehackt
570 ml Wasser
Zucker (siehe Methode)

Ergibt etwa 1 kg

1 Brombeeren, Äpfel und Wasser in einen Topf geben und bei schwacher Hitze etwa 30 Minuten köcheln, bis das Obst weich ist.

2 Das Fruchtfleisch durch ein feines Sieb in einen sauberen Topf streichen. Für je 500 ml Püree 450 g Zucker zufügen. Unter Rühren den Zucker auflösen. Aufkochen lassen und bei schwacher Hitze 40–60 Minuten unter Rühren eindicken lassen.

3 Gläser vorbereiten und das Brombeerpüree einfüllen (siehe Seite 11). Mit Wachsscheiben und Zellophan versiegeln (siehe Seite 14). Die Gläser beschriften und danach bis zum Verzehr 1 Woche an einem kühlen, dunklen und trockenen Ort ruhen lassen. Hält 1 Jahr.

Grapefruit-Honig-Marmelade

2 große Grapefruits (1 kg)
4 Zitronen
1,7 l Wasser
1,1 kg Zucker
255 g Honig

Ergibt etwa 2 kg

Diese lieblich schmeckende Marmelade schmeckt durch den Honig besonders lecker. Sie harmoniert bestens mit frischen Croissants.

1 Grapefruits schälen, weiße Haut mit entfernen, beiseite legen. Mit einem Zestenreißer die Zitronenschale so dünn wie möglich abschälen, die weiße Haut der Zitronen entfernen und beiseite legen. Schale fein zerkleinern.

2 Grapefruit- und Zitronenfleisch grob hacken, austretenden Saft auffangen. Kerne und weiße Häute in einen Baumwollbeutel geben und verschließen. Fruchtfleisch, Schalen, aufgefangenen Saft und Wasser in einen Topf geben. Den Baumwollbeutel am Griff des Topfes so festbinden, dass er im Topf ist.

3 Aufkochen und dann etwa $1\frac{1}{2}$ Stunden köcheln, bis der Inhalt um die Hälfte reduziert ist. Beutel fest gegen den Topf drücken und entfernen.

4 Bei schwacher Hitze Zucker und Honig darin auflösen, erneut aufkochen und 15–20 Minuten kochen, bis der Siedepunkt erreicht ist (siehe Seite 23).

5 Schaum von der Oberfläche abschöpfen und die Marmelade vom Herd nehmen, 15 Minuten ruhen lassen. Umrühren, um die Schalen zu verteilen. Gläser vorbereiten und die Marmelade einfüllen (siehe Seite 11), dann mit Wachsscheiben und Zellophan versiegeln (siehe Seite 14). Über Nacht abkühlen lassen, die Gläser beschriften und an einem kühlen, dunklen und trockenen Ort bis zu 1 Jahr aufbewahren.

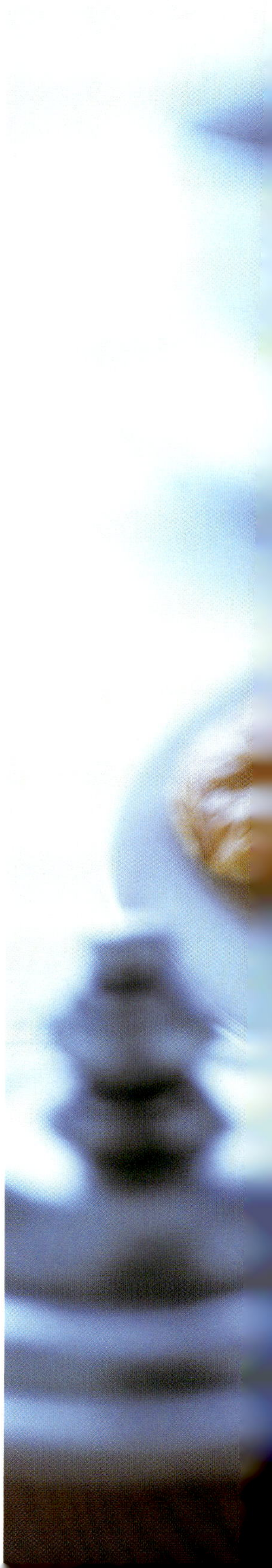

Rosa-Grapefruit-Butter

Die Schalen und Stücke der Grapefruit werden nach der Hälfte der Kochzeit zugefügt. Das gibt dem Endprodukt nicht nur ein interessantes Aussehen, auch Beschaffenheit und Geschmack gewinnen. Wer eine besonders kräftige Farbe wünscht, sollte eine rotfleischige Grapefruit verwenden.

Schale und Saft von 1 rosa- oder rotfleischigen Grapefruit
Schale und Saft von 2 Zitronen
175 g Butter, gewürfelt
400 g feiner Zucker
5 Eier (Größe L), verquirlt
1 rosa- oder rotfleischige Grapefruit, in Segmente geteilt, ohne Haut oder Kerne

Ergibt etwa 850 g

1 Grapefruitschale und -saft, Zitronenschale und -saft und Butter in eine hitzefeste Schüssel geben und diese auf einen Topf mit köchelndem Wasser stellen. Unter ständigem Rühren die Butter erlassen.

2 Zucker und Eier unterrühren, weitere 25–40 Minuten unter ständigem Rühren kochen, bis die Masse eingedickt ist. Im Kühlschrank dickt die Masse zusätzlich ein. Nach 15–30 Minuten die Grapefruitstücke hinzufügen. Achtung: Das Wasser im Topf darf nicht kochen, dann gerinnt die Buttermasse.

3 Gläser vorbereiten und die Butter einfüllen (siehe Seite 11). Mit Wachsscheiben und Zellophan versiegeln (siehe Seite 14). Abkühlen lassen, Gläser beschriften und ungeöffnet im Kühlschrank bis zu 3 Monaten aufbewahren. Inhalt geöffneter Gläser innerhalb von 3–4 Tagen aufessen.

Rosa-Grapefruit-Pudding

Geben Sie einen großen Klecks von der Rosa-Grapefruit-Butter in die Förmchen, bevor Sie die Pudding-Masse darauf geben. Das Aroma der Grapefruit durchdringt den gekochten Pudding, strömt an die Seiten und umgibt ihn wie einen See mit einer leckeren Sauce.

300 g Rosa-Grapefruit-Butter
115 g Butter, gewürfelt
115 g feiner Zucker
2 Eier, verquirlt
Schale und Saft von 2 Zitronen
150 g Mehl
1 TL Backpulver

Ergibt 4 Portionen

1 Die Rosa-Grapefruit-Butter in eine hitzefeste Puddingform geben. Einen Gareinsatz in einen großen Topf stellen. So viel Wasser in den Topf gießen, dass er zur Hälfte darin steht. Topf zudecken und Wasser aufkochen.

2 Butter und Zucker mit einem Holzlöffel verrühren, nach und nach das verquirlte Ei unterschlagen. Zitronensaft und -schale zufügen. Mehl und Backpulver darüber sieben und mit einem großen Metalllöffel gut verrühren. So lange rühren, bis der Teig leicht vom Löffel fällt, wenn Sie kurz dagegen schlagen.

3 Masse in die Puddingform füllen. Ein Stück Backpapier auf den Pudding legen und abdecken. Die Puddingform auf den Topf mit dem kochenden Wasser stellen. Abgedeckt etwa 1½ Stunden dämpfen.

4 Pudding vom Topf nehmen und einige Minuten ruhen lassen, dann auf einen vorgewärmten Servierteller stürzen.

Gegenüber: Rosa-Grapefruit-Butter

Zitronen-Passionsfrucht-Butter

Schale und Saft von 2 großen Zitronen
175 g Zucker
85 g Butter, gewürfelt
3 Eier (Größe S), verquirlt
3 reife Passionsfrüchte (Granadilla), Kerne und Fruchtfleisch

Ergibt etwa 300 ml

Selbst gemachte Zitronenbutter ist beliebt. Doch die Vorbereitung dauert, und wenige fangen ganz von vorn an. Zitronenbutter ist ein gern gesehenes Mitbringsel. Ich füge am liebsten noch etwas Passionsfrucht hinzu, das gibt der Butter einen exotischen Touch.

1 Zitronenschale, -saft, Zucker, Butter in eine hitzefeste Schüssel geben, diese auf einen Topf mit köchelndem Wasser stellen. Die Masse mit einem Holzlöffel rühren, bis Zucker und Butter aufgelöst sind.

2 Eier unterrühren und weiterrühren, bis die Masse eingedickt ist. Achtung: Das Wasser im Topf darf nicht kochen, dann gerinnt die Zitronenbutter.

3 Schale vom Topf nehmen und die Passionsfrucht untermengen. Die Butter in sterilisierte Gläser füllen, dann mit Wachsscheiben und Zellophan versiegeln (siehe Seite 14). Abkühlen lassen, Gläser beschriften und ungeöffnet im Kühlschrank bis zu 3 Monaten aufbewahren. Den Inhalt geöffneter Gläser innerhalb von 3–4 Tagen aufessen.

Marokkanische Zitronen

3–4 Bio-Zitronen
ca. 25 g grobes Salz
3–4 Lorbeerblätter (nach Belieben)
Saft von 2–3 Zitronen

Ergibt etwa 1 kg

In Salz eingelegte Zitronen sind ein typisches Nahrungsmittel in Marokko. Damit das Eingelegte bei Ihnen zu Hause ähnlich schmeckt wie die frisch gepflückten sonnengereiften Zitronen Marokkos, müssen Sie die Früchte mit besonderer Sorgfalt auswählen. Verwenden Sie nur glatte Zitronen mit einer dünnen Schale und kräftig gelber Farbe, sie sollten nicht zu fest sein und keine allzu großen „Griffe" am Ende haben. Unreife Zitronen reifen nach und werden weich, wenn sie einige Tage bei Zimmertemperatur liegen. Rollen Sie die Zitronen zuerst mehrmals auf einer Arbeitsfläche hin und her, so geben sie mehr Saft. Die eingelegten Zitronen schmecken gut zu Hähnchen, Fischgerichten und bereichern jeden Bohnen- und Erbsensalat.

1 Schlitze oder „Taschen" von oben nach unten in die Zitronen schneiden, dabei unten 1,5 cm frei lassen. Zitronen vorsichtig auseinander nehmen und Salz hineingeben. Zitronen wieder zusammendrücken.

2 Eine Schicht Salz in ein vorgewärmtes sterilisiertes Glas geben, die Zitronen fest hineinlegen. Restliches Salz darüber streuen. Nach Belieben Lorbeerblätter hineingeben.

3 So viel Zitronensaft darüber gießen, dass oben 1,5 cm frei bleiben. Mit einem Deckel fest verschließen. Beschriften und an einem kühlen, dunklen und trockenen Ort mindestens 1 Monat ruhen lasssen. Hält 1–2 Jahre.

Weiterverarbeitung

Wenn nicht anders angegeben, die Zitronen unter kaltem Wasser abspülen, dann das Fruchtfleisch herausschneiden. Die Schale klein schneiden und verwenden. „Dickhäutige" Zitronen müssen etwas gekocht werden, aber Früchte mit einer dünnen Schale können Sie sofort verwenden – z. B. zum Garnieren.

Gegenüber: Marokkanische Zitronen

Nektarinen in Mandelwein

12 reife feste Nektarinen
450 g Zucker
700 ml Weißwein
3 EL Mandellikör
Brandy (siehe Methode)

Ergibt 1,8 kg

Auch wenn Sie nicht den besten Wein opfern müssen, sollten Sie nicht gerade den billigsten mit viel Säure verwenden. Sehr gut schmeckt ein Muskat-Dessertwein (auch jeder andere südfranzösische Dessertwein), dessen fruchtiges und süßes Aroma mit seiner zugrunde liegenden Säure ihn vor einer übermächtigen Süße bewahrt.

1 Nektarinen 20–30 Sekunden in kochendes Wasser tauchen. Sofort in eine Schüssel mit eiskaltem Wasser legen. Die leicht abgekühlten Früchte enthäuten. 3–4 Nektarinen halbieren und entsteinen. Die Steine knacken und die Kerne herausnehmen.

2 Kerne, Zucker und Wein in einen Topf geben und unter Rühren erhitzen, bis der Zucker aufgelöst ist. Weitere 8 Minuten köcheln lassen.

3 Nektarinen in den Sirup legen (ggf. portionsweise), halbierte Früchte 5 Minuten, ganze Früchte 10 Minuten darin pochieren.

4 Die Nektarinen anschließend mit einem Schaumlöffel in vorgewärmte sterilisierte Gläser legen.

5 Den Sirup 10 Minuten kochen. Kerne herausnehmen und Mandellikör einrühren. Sirup über die Früchte in den Gläsern gießen. Den Brandy zugießen, Gläser leicht schütteln, dann verschließen und abkühlen lassen (siehe Seite 17). Beschriften und an einem kühlen, dunklen und trockenen Ort 2 Monate vor dem Verzehr ruhen lassen. Hält mindestens 1 Jahr.

Mandel-Nektarinen in Blätterteig

450 g TK-Blätterteig
150 g Mascarpone-Käse
2½ Nektarinen in Mandelwein (siehe Seite 76), abgetropft und gehackt
1 Ei (Größe M)
½ TL Zucker

Ergibt 6 Portionen

Die Verbindung dieser köstlichen Nektarinen mit Blätterteig und sinnlich mildem Mascarpone ergibt ein wahres Luxus-Dessert für festliche Anlässe im Winter. Den Blätterteig können Sie in der Tiefkühltheke Ihres Supermarktes finden.

1 Ein Backblech kalt stellen. Den aufgetauten Blätterteig etwa 5 mm dick ausrollen. Ränder begradigen, dann den Teig sechsteln.

2 Auf jedes Teigrechteck einen gehäuften Löffel voll Mascarpone-Käse geben. Die zerkleinerten Nektarinen auf den Teigrechtecken verteilen.

3 Die Ränder des Teigs mit Wasser anfeuchten und dann den Teig in der Mitte zusammenschlagen. Teig fest zusammendrücken. Die Teigrechtecke auf das Backblech legen.

4 Das Ei und den Zucker verquirlen und den Teig damit bestreichen, nicht auf die Nähte kommen. 30 Minuten kalt stellen.

5 Den Backofen auf 200 °C (Gas Stufe 6) vorheizen. Die Nektarinen in Blätterteig in 15–20 Minuten goldgelb backen. Sofort servieren.

Brandy-Pfirsiche in Cointreau

1,4–1,8 kg reife feste Pfirsiche, je nach Größe ganz oder halbiert und entsteint
300 g feiner Zucker
300 ml Cointreau
etwa 500 ml Brandy

Ergibt etwa 1,1 kg

Cointreau wird im französischen Anger, am Flussufer der Loire produziert. Eine Mischung aus getrockneten bitteren und frischen süßen Orangenschalen mit Rübenzucker und Alkohol.

1 Die halbierten Pfirsiche in sterilisierte Gläser legen, Zucker dazwischen streuen, oben 2,5 cm frei lassen.

2 Cointreau mit 450 ml Brandy mischen und über die Pfirsiche gießen. Ggf. mit etwas Brandy bedecken (aber 1,5 cm frei lassen). Gläser schütteln, damit Luft entweichen kann.

3 Gläser versiegeln (siehe Seite 37), beschriften und an einem kühlen, trockenen und dunklen Ort mindestens 3 Monate vor dem Verzehr ruhen lassen. Die ersten 1–2 Wochen die Gläser ab und zu hin und her schütteln. Die Pfirsiche halten sich etwa 18–24 Monate.

Pfirsich-Chutney

Als ich in Südfrankreich gearbeitet habe, gab es im Sommer und Frühherbst eine Fülle an herrlichen Früchten. Grund genug also, meinen Vorfahren nachzueifern und einiges für den langen Winter in England zu konservieren. Anblick und Geschmack dieses Chutneys riefen bei meinen französischen Nachbarn Erstaunen hervor – sie konnten sich nicht für den Geschmack meines ersten Versuches begeistern. Glücklicherweise blieb ich lange genug in Frankreich und konnte dem Chutney ein lieblicheres Aroma geben. Nun mussten meine Nachbarn widerwillig zugeben, dass mein Ergebnis gar nicht schlecht ausgefallen war.

1.8 kg reife feste Pfirsiche, halbiert und entsteint
2 Äpfel, entkernt und gehackt
115 gehackte getrocknete Pfirsiche
4 Knoblauchzehen, gehackt
1 TL frisch geriebene Muskatnuss
1 EL gemahlener Ingwer
¼ TL Cayennepfeffer
570 ml Weißweinessig
350 g Zucker

Ergibt etwa 1,8 kg

1 Zutaten außer Zucker in einen Topf geben. Die Früchte aufkochen lassen und etwa 30 Minuten weich köcheln.

2 Zucker bei schwacher Hitze einrühren, etwa 1 Stunde weiterköcheln, bis das Chutney eingedickt ist. Läuft beim Löffeltest keine Flüssigkeit in die Spur, ist es fertig. Es dickt beim Stehen weiter ein.

3 Gläser vorbereiten und das Chutney hineingeben (siehe Seite 11), dann die Gläser mit Wachsscheiben und essigbeständigen Deckeln versiegeln (siehe Seite 14). Abkühlen lassen, Gläser beschriften und an einem kühlen, dunklen und trockenen Ort mindestens 6–8 Wochen vor dem Verzehr ruhen lassen. Hält 1 Jahr.

Eingemachte Pfirsiche

Dieses Rezept führt leicht angestoßene und andere unvollkommene Früchte noch einer guten Verwendung zu. Verwenden Sie einen guten Brandy, denn den schmeckt man später sehr genau heraus. Für jedes Glas benötigen Sie ein Stück Vanilleschote.

Ca. 1,1 kg reife Pfirsiche
Saft von 2 Zitronen
700 g Einmachzucker
1 kleines Stück Butter
4 EL Brandy
1–2 Vanilleschoten, in 5 cm lange Stücke geschnitten

Ergibt etwa 1 kg

1 Jeden Pfirsich für 30 Sekunden in kochendes Wasser tauchen, dann die Haut abziehen. Pfirsiche halbieren und entsteinen. Fein zerschneiden.

2 Pfirsiche, Zitronensaft und Zucker in einen Topf geben. Zugedeckt einige Stunden durchziehen lassen, ab und zu umrühren.

3 Zutaten aufkochen, dann 15–20 Minuten kochen, bis die Pfirsiche weich sind. Die Butter hineingeben und das Ganze unter Rühren etwa 15 Minuten weiterkochen, bis der Siedepunkt erreicht ist (siehe Seite 23).

4 Topf vom Herd nehmen, Pfirsiche 10 Minuten ruhen lassen. Gläser vorbereiten (siehe Seite 11) und die Pfirsiche hineingeben, dazu je Glas ein Stück Vanilleschote. Mit Wachsscheiben und Zellophan (siehe Seite 14) versiegeln. Abkühlen lassen. Die Gläser beschriften und an einem kühlen, dunklen und trockenen Ort 1 Monat ruhen lassen. Hält 6 Monate.

Orangen-Ingwer-Marmelade

Echte spanische Orangen aus Sevilla, die besten Orangen für diese Marmelade, sind meist nur im Januar und Februar erhältlich. Wenn Sie also Marmelade zubereiten möchten, muss es genau geplant werden! Sonst müssen Sie die Früchte einfrieren. So sehr ich mich bemühe, ich kaufe manchmal nicht genug Orangen, damit die Marmelade das ganze Jahr über reicht. In so einem Fall ziehe ich dieses Rezept aus dem Hut, eine Abwandlung der traditionellen Orangenmarmelade, die Orangen und Zitronen kombiniert. Wer mag, kann zum Schluss etwas Whisky zugeben.

1 kg große Orangen
2 kleine Zitronen
55 frisch geriebener Ingwer
2,25 l Wasser
1,8 kg Einmachzucker

Ergibt etwa 2,7 kg

1 Orangen und Zitronen halbieren und auspressen. Kerne und Saft aufbewahren. Schale und weiße Haut von den Früchten ziehen und mit den Kernen zusammen in einen Baumwollbeutel geben.

2 Den Saft, Ingwer und Wasser in einen großen Topf geben. Den Baumwollbeutel am Griff festbinden und in den Topf hängen. Das Ganze aufkochen und anschließend etwa 1 ½ Stunden köcheln lassen, die Flüssigkeit sollte dann auf die Hälfte eingekocht sein.

3 Baumwollbeutel abnehmen, noch einmal fest gegen den Topfrand drücken, um den restlichen Saft herauszudrücken.

4 Zucker hineingeben und unter Rühren auflösen. Die Marmelade anschließend etwa 15 Minuten kochen, bis der Siedepunkt erreicht ist (siehe Seite 23).

5 Topf vom Herd nehmen und Schaum von der Oberfläche abschöpfen. 10 Minuten ruhen lassen. Die Gläser vorbereiten und mit Marmelade füllen (siehe Seite 11), dann mit Wachsscheiben und Zellophan versiegeln (siehe Seite 14). Abkühlen lassen, Gläser beschriften und an einem kühlen, dunklen und trockenen Ort bis zu 1 Jahr lagern.

Kandierte Orangenschale in Honig

115–175 g gemischte Zitrusfruchtschale
Wasser (siehe Methode)
etwa 450 g klarer Honig

Ergibt etwa 600 g

Sie können Zitrusfruchtschalen kombinieren, z. B. Orangen-, Grapefruit-, Zitronen- und Limonenschalen. Sie eignen sich für Schokoladen-und Obsttörtchen oder Kompott und schmecken auf Pfannkuchen und Eiscreme.

1 Zitrusschale in Streifen schneiden, so groß bzw. klein, wie Sie mögen. Wasser in einem Topf aufkochen. Schalen hineingeben, Wasser erneut aufkochen und 4 Minuten kochen lassen. Schalen in ein Sieb geben und mit kaltem Wasser abspülen. Mit Küchenpapier abtrocknen, auf einem Küchenhandtuch ausbreiten und an einem warmen Ort trocknen lassen.

2 Eine Schicht von der Schale in ein sterilisiertes Gefäß geben und mit Honig bedecken. So fortfahren, bis Schale und Honig verbraucht sind. Mit einem Messer oder einer Stricknadel umrühren, um Luftblasen zu entfernen.

3 Gefäß fest abdecken und an einem kühlen, trockenen und dunklen Ort mindestens 3 Monate ruhen lassen. Ab und zu überprüfen, ob die Schale noch mit ausreichend Honig bedeckt ist. Ggf. zusätzlichen Honig darauf geben. Hält 1 Jahr.

Orangen-Reis-Kuchen

25 g Butter, gewürfelt
100 g Arborio-Reis
200 ml Muskat-Dessertwein
570 ml Milch und Sahne gemischt oder vollfette Milch
3 Eier (Größe L), getrennt
1½ EL gemahlene Mandeln
4 EL gehackte kandierte Orangenschale in Honig, abgetropft

Ergibt 4 Portionen

Ein köstlicher, leichter und saftiger „Puddingkuchen". Orangen-Reis-Kuchen besitzt das Aroma eines mit Honig aromatisierten Dessertweins und ist übersät mit bitter-süßer Zitrusschale. Er schmeckt heiß als Dessert, z. B. mit Erdbeeren, Himbeeren oder Pfirsichen oder kalt mit Himbeeren oder auch mit Aprikosensauce.

1 Butter in einem Topf erhitzen, Reis so lange einrühren, bis alle Körner vollständig mit Butter bedeckt sind. Wein zugießen und kochen, bis er fast ganz verdampft ist. Milch-Sahne-Mischung zugießen, aufkochen, einmal umrühren und dann etwa 30 Minuten köcheln lassen. Die Mischung sollte dick-cremig sein. Den Topf vom Herd nehmen und langsam abkühlen lassen. In der Zwischenzeit den Backofen auf 170 °C (Gas Stufe 3) vorheizen.

2 Eigelb und Mandeln in die Reismischung rühren, dann die Zitrusschale untermengen. Eiweiß fest aufschlagen und portionsweise darunter heben.

3 Reis-Masse in eine gefettete Springform (20 cm) füllen und den Teig glatt streichen. Etwa in 1 Stunde goldgelb backen, nicht zu lange, dann wird der Reiskuchen trocken. Kuchen 10 Minuten in der Form ruhen lassen, dann herausnehmen und auf einen Teller legen.

Orangen-Reis-Kuchen

Orangenchutney

570 ml Weißweinessig
2 kleine Zimtstangen
1½ EL gehackter frischer Ingwer
2 TL Pimentkörner, zerdrückt
1 TL ganze Nelken
6 große kernlose Orangen
1 Zwiebel, fein gehackt
1 Apfel, geschält, entkernt und gehackt
350 g heller brauner Zucker
275 g frische Datteln, entsteint und gehackt

Ergibt 1,6 kg

Die eingelegten Limonen, die es in vielen indischen Restaurants als Beilage gibt, mag ich nicht besonders gern. Viel besser mir schmeckt dieses Orangenchutney.

1 Essig und Gewürze in einen Topf geben, aufkochen und 5–10 Minuten köcheln lassen bzw. so lange, bis der Essig Aroma nach Ihrem Geschmack angenommen hat.

2 In der Zwischenzeit die Orangen schälen und das Fruchtfleisch klein schneiden, die Kerne entfernen. Schale fein hacken. Schalen zum Essig geben und dann über Nacht durchziehen lassen.

3 Fruchtfleisch, Zwiebel und Apfel zum Essig geben und weich köcheln. Zucker einrühren, bis er sich aufgelöst hat. Datteln zufügen und langsam köcheln. Das Chutney ist fertig, wenn es eingedickt ist und keine Flüssigkeit mehr zieht, wenn man mit einem Holzlöffel über den Topfboden zieht. Beim Stehen dickt das Chutney weiter ein.

4 Topf vom Herd nehmen. Die Gläser vorbereiten (siehe Seite 11) und das Chutney in die Gläser füllen. Mit Wachsscheiben und essigbeständigen Deckeln verschließen (siehe Seite 14). Abkühlen lassen, Gläser beschriften und an einem kühlen, dunklen und trockenen Ort mindestens 2 Monate vor dem Verzehr ruhen lassen. Hält 1 Jahr.

Süße Orangenscheiben

Süße Orangenscheiben

Es wäre wohl kein richtiges Weihnachten, wenn es zu Ente oder Gans keine eingelegten süßen Orangenscheiben gäbe. Bei uns zu Hause ist es Tradition, dass meine Oma diese Köstlichkeit zubereitet.

6 große Orangen, mit dünner Schale
Wasser zum Bedecken
900 ml Weißweinessig
700 g Zucker
6 Nelken
1 große Zimtstange
2 Sternanis, zerdrückt
Samen von 5 Kardamomkapseln, zerdrückt
10 schwarze Pfefferkörner, zerdrückt
Fein zerkleinerte Schale von 1 Zitrone

Ergibt etwa 1,8 kg

1 Die Orangen in 5 mm dicke Scheiben schneiden. In einen Topf geben, mit Wasser bedecken und dann 20–30 Minuten köcheln, bis die Schale weich ist.

2 Orangenscheiben herausnehmen. Essig, Zucker, Gewürze und Zitronenschale hineingeben, aufkochen und anschließend 10 Minuten köcheln.

3 Orangenscheiben wieder in den Topf geben. Pochieren, bis die Schale leicht durchsichtig erscheint. Die Scheiben mit einem Schaumlöffel herausnehmen, in sterilisierte Gläser (siehe Seite 11) legen.

4 Flüssigkeit so lange kochen, bis sie eindickt und sirupartig ist. In die Gläser gießen, oben etwa 2,5 cm frei lassen, anschließend im Wasserbad haltbar machen (siehe Seite 16). Abkühlen lassen, Gläser beschriften und an einem kühlen, trockenen und dunklen Ort aufbewahren. Mindestens 6 Wochen ruhen lassen. Hält 1 Jahr.

Klare Tangerinenmarmelade

Sie benötigen etwa 1,3 Kilogramm Früchte. Da die Marmelade durch ein Sieb gegossen wird, benötigen Sie für die Zubereitung nicht unbedingt einen Gewürzbeutel. Statt Tangerinen schmecken Clementinen oder Mandarinen.

1,3 kg Tangerinen
1 große Grapefruit
1 Zitrone
3,3 l Wasser
1,4 kg Einmachzucker

Ergibt etwa 2,3 kg

1 Tangerinen schälen und die Schale fein zerkleinern. Tangerinenschale in einen Gewürzbeutel geben. Grapefruit und Zitrone schälen und Schale fein hacken. Das Fruchtfleisch grob zerkleinern. Saft, Kerne, Fruchtfleisch, Grapefruit- und Zitronenschalen mit Wasser in einen Topf geben. Gewürzbeutel am Topf befestigen.

2 Etwa 1½–2 Stunden köcheln lassen, bis die Schale weich ist. Gewürzbeutel nach 30 Minuten herausnehmen, den Inhalt in einem Sieb abtropfen lassen. Tangerinenschale kalt abspülen, auf einem sauberen Handtuch zum Trocknen ausbreiten.

3 Topfinhalt in einen Baumwollbeutel gießen, diesen zuvor über eine Schüssel hängen. Über Nacht den Saft vollständig abtropfen lassen.

4 Saft in einen sauberen Topf gießen und Zucker und Tangerinenschale zugeben. Unter Rühren erhitzen, bis der Zucker sich aufgelöst hat. Dann etwa 10 Minuten bis zum Siedepunkt (siehe Seite 23) kochen lassen.

5 Schaum abschöpfen und Marmelade 15 Minuten ruhen lassen, noch einmal gut durchrühren. Gläser vorbereiten (siehe Seite 11) Marmelade einfüllen und mit Wachsscheiben und Zellophan (siehe Seite 14) versiegeln. Abkühlen, Gläser beschriften und an einem kühlen, trockenen und dunklen Ort bis zu 1 Jahr lagern.

Birnen-Kiwi-Chutney

700 g reife feste Birnen, entkernt und gehackt, nicht geschält
700 g Kiwifrüchte, mit Schale gehackt
175 g gehackte getrocknete Aprikosen
55 g Rosinen
3 Knoblauchzehen, fein gehackt
2½ EL fein gehackter frischer Ingwer
1–2 TL Cayennepfeffer
1 EL frisch gemahlener Koriander
2 TL grobkörniges Salz
300 ml Apfelessig
200 g heller brauner Zucker

Ergibt 1,6–1,8 kg

Es ist so schade, dass Kiwis ihre frische grüne Farbe verlieren, wenn man sie kocht. Statt Farbe ins Chutney zu bringen, gehen die Kiwis so unter den anderen Zutaten unter. Verwenden Sie für das Chutney nach Möglichkeit Williams-Christ-Birnen.

1 Alle Zutaten bis auf den braunen Zucker in einen Topf geben. Zugedeckt 15 Minuten köcheln lassen, ab und zu umrühren.

2 Zucker so lange einrühren, bis er sich aufgelöst hat. Aufkochen lassen, dann so lange köcheln, bis das Chutney eingedickt ist. Ziehen Sie mit einem Holzlöffel am Topfboden entlang und fließt keine Flüssigkeit in die Spur, ist das Chutney fertig. Beim Stehen dickt das Chutney weiter ein.

3 Gläser vorbereiten (siehe Seite 11) und das Chutney hineinfüllen. Mit Wachsscheiben und essigbeständigen Deckeln (siehe Seite 14) versiegeln. Abkühlen lassen und an einem kühlen, dunklen und trockenen Ort mindestens 6–8 Wochen ruhen lassen. Hält 1 Jahr.

Rotwein-Birnen

1,4 kg leicht unreife Birnen
Ganze Nelken (siehe Methode)
1 Zimtrinde, in kleine Stücke gebrochen
2 Muskatblütenblätter
1 kleines Stück frischer Ingwer, gehackt
Schale von 1 Zitrone, in Streifen geschnitten
225 g Zucker
zusätzlich 2 EL Zucker
etwa ¾ l Rotwein

Ergibt 2 1-l-Gläser und 1½-l-Glas

Die Birnen dürfen auf keinen Fall steinhart sein, lassen Sie die Früchte also lieber einige Tage bei Zimmertemperatur liegen, bis sie auf Druck leicht nachgeben. Statt eines Weines aus Sauvignon-Trauben sollten Sie lieber einen fruchtigen Roten verwenden, z. B. einen Chinon, einen Beaujolais oder einen Merlot.

1 Die Birnen schälen, Stängel intakt lassen. Jede Birne mit einer Nelke spicken, dann die Birnen auf die Gläser aufteilen. Restliche Gewürze auf die einzelnen Gläser verteilen und hineinlegen.

2 Zucker und Wein vorsichtig erhitzen, bis der Zucker aufgelöst ist. Wein dann erhitzen, aber nicht kochen.

3 Wein auf die Birnen gießen (1,5 cm oben frei lassen). Die Gläser fest verschließen und im Wasserbad (siehe Seite 16) haltbar machen.

Gegenüber: Birnen-Kiwi-Chutney

Pflaumenkonfitüre

1,25 kg Pflaumen
300 ml Wasser
1 kg Einmachzucker
1 Stück Butter

Ergibt etwa 1,6 kg

Die Farbe der Konfitüre hängt im Wesentlichen von der Pflaumensorte ab. Rotfleischige Früchte ergeben eine rote Konfitüre, grünfleischige wie Mirabellen oder Renekloden liefern eine gelb-grüne Konfitüre. Große Früchte sollten Sie vierteln.

1 Die Pflaumen und Wasser in einen Topf geben. Aufkochen und danach 25–30 Minuten köcheln, ab und zu umrühren. Die Pflaumen sollten weich und die Flüssigkeit reduziert sein.

2 Den Zucker so lange einrühren, bis er aufgelöst ist. Butter zugeben und Konfitüre aufkochen. 10–15 Minuten bis zum Siedepunkt (siehe Seite 23) kochen.

3 Topf vom Herd nehmen, Steine und Schaum abschöpfen. 5 Minuten ruhen lassen. Gut umrühren.

4 Gläser vorbereiten (siehe Seite 11) und die Konfitüre einfüllen. Mit Wachsscheiben und Zellophan (siehe Seite 14) versiegeln. Abkühlen lassen, Gläser beschriften und an einem kühlen, dunklen und trockenen Ort mindestens 1 Monat vor dem Verzehr ruhen lassen. Die Konfitüre hält sich 2 Jahre.

Eingemachte Walnuss-Pflaumen

1,8 kg Pflaumen
300 ml Wasser
2 Zimtstangen
1,4 kg Einmachzucker
115 g Walnusshälften, gehackt
4 EL Brandy

Ergibt 2,2 kg

Erst die Zugabe von Walnüssen gibt diesem Eingemachten das besondere Etwas. Noch interessanter wird es durch das Zufügen von Zimt und einem Schuss Brandy. Verwenden Sie möglichst frisch geknackte Walnüsse, sie haben ein besseres Aroma.

1 Pflaumen halbieren und entsteinen, Kerne und Wasser in einen kleinen Topf geben. Aufkochen, dann 10 Minuten köcheln lassen. Wasser abgießen und auffangen, Kerne entfernen.

2 Pflaumenhälften, Zimt und das aromatisierte Wasser in einen Topf geben. Die Pflaumen darin in etwa 10 Minuten weich garen.

3 Zucker so lange einrühren, bis er sich aufgelöst hat. Aufkochen und 10–20 Minuten bis zum Siedepunkt (siehe Seite 23) kochen.

4 Topf vom Herd nehmen, Walnüsse und Brandy unterrühren. 5 Minuten ruhen lassen, umrühren. Gläser vorbereiten (siehe Seite 11), die Pflaumen einfüllen, mit Wachsscheiben und Zellophan versiegeln (siehe Seite 14). Abkühlen lassen, Gläser beschriften, an einem kühlen, dunklen und trockenen Ort 1 Monat vor dem Verzehr ruhen lassen. Hält 1 Jahr.

Herzhafte Pflaumensauce

Diese würzige Pflaumensauce schmeckt hervorragend zu kaltem Fleisch, vor allem zu Wild, Wildpies und Pâtés.

10 Koriandersamen, zerdrückt
4 ganze Nelken
3 Sternanis, zerdrückt
1 Zimtrinde
570 ml Rotweinessig
1,4 kg rote Pflaumen, gehackt
1 kleine Zwiebel, gehackt
3 große Knoblauchzehen, gehackt
450 g heller brauner Zucker

Ergibt 1,6 kg

1 Koriander, Nelken, Anis und Zimt in einen Baumwollbeutel legen. Die restlichen Zutaten außer dem braunen Zucker in einen Topf geben. Baumwollbeutel am Topfgriff festbinden. Aufkochen, dann unter ständigem Rühren etwa 45 Minuten köcheln.

2 Bei schwacher Hitze den Zucker so lange einrühren, bis er sich aufgelöst hat. Weitere 45 Minuten köcheln, bis aus der Sauce ein dicker Brei geworden ist.

3 Baumwollbeutel aus dem Topf nehmen, dabei fest gegen den Topfrand drücken, damit die restliche Flüssigkeit herauskommt.

4 Topfinhalt durch ein Sieb gießen, um Schaum und Steine zu entfernen. Mögen Sie es feiner, streichen Sie den Brei durch ein Sieb.

5 Die Sauce in einen sauberen Topf geben und aufkochen; nach Geschmack weiter eindicken. Gläser vorbereiten (siehe Seite 11) und die Sauce bis an den Rand einfüllen. Verschließen und im Wasserbad (siehe Seite 16) haltbar machen. Abkühlen lassen, Gläser beschriften und an einem kühlen, trockenen und dunklen Ort mindestens 1 Monat bis zum Verzehr ruhen lassen. Hält 6 Monate.

Lamm mit Pflaumensauce und Chinakohl

8 Lammsteaks, ohne Knochen (je 100 g)
Frisch gemahlener schwarzer Pfeffer
6–8 EL Herzhafte Pflaumensauce (siehe Seite 91)
Erdnussöl zum Braten
3 Knoblauchzehen, gehackt
3 EL gehackter frischer Ingwer
450 g Chinakohl, zerkleinert
3 EL Sesamöl
4 große Frühlingszwiebeln, gehackt
3 EL Cashewnüsse
Salz

Ergibt 4 Portionen

Auch wenn die Pflaumensauce sich von der chinesischen Version sehr unterscheidet, schmeckt sie doch hervorragend zu diesem Essen à la China.

1 Lammsteaks nacheinander zwischen zwei Lagen Backpapier legen und mit einem Fleischklopfer oder Nudelholz so lange bearbeiten, bis sie dünn genug sind.

2 Die Steaks mit schwarzem Pfeffer würzen und mit der Herzhaften Pflaumensauce bestreichen, Ränder frei lassen. Steaks anschließend vorsichtig aufrollen und mit Zahnstochern zusammenstecken.

3 Etwas Öl in einer Pfanne erhitzen. Die Lammrollen hineinlegen und bei mittlerer Hitze bräunen. Das dauert etwa 10–20 Minuten (abhängig davon, wie „durch" das Fleisch sein soll). Ab und zu wenden. Auf einen Teller legen, abdecken und warm halten.

4 Weiteres Öl in die Pfanne geben. Knoblauch und Ingwer zugeben und unter ständigem Rühren 2–3 Minuten braten.

5 Hitze erhöhen. Chinakohl hineingeben und so lange unter Rühren dünsten, bis die Blätter welk aussehen. Sesamöl, Frühlingszwiebeln und Nüsse zufügen und einige Minuten unter Rühren weiterbraten.

6 Das Gemüse auf vier Tellern anrichten, jeweils zwei Rollen Fleisch dazulegen und alles mit Salz bestreuen.

Tiefgefrorene Himbeerkonfitüre

700 g Himbeeren
1 kg feiner Zucker
125 ml flüssiges Pektin

Ergibt 1,6 kg

Diese Himbeerkonfitüre wird nicht gekocht, deshalb hat sie einen frischeren natürlichen Geschmack und sieht heller und klarer aus. Als Geschmacksabwandlung können Sie statt normalem feinen Zucker Vanillezucker verwenden. Sie können Vanillezucker selbst zubereiten: Legen Sie eine Vanilleschote in den Zucker und lassen Sie das Ganze etwa 2 Wochen durchziehen. Anschließend nur die Schote entfernen und fertig.

1 Himbeeren in eine Schüssel geben und mit einer Gabel den Zucker einrühren, die Früchte dabei leicht zerdrücken. Ca. 20 Minuten ruhen lassen, gelegentlich umrühren.

2 Aufgelöstes Pektin darüber gießen und etwa 3 Minuten unterrühren.

3 Die Mischung in Behälter geben, dabei oben ca. 1,5 cm frei lassen. Die Konfitüre 5 Stunden ruhen lassen.

4 Konfitüre in den Kühlschrank stellen und 24–48 Stunden kühlen, bis die Konfitüre schließlich geliert.

5 Konfitüre in den Tiefkühlschrank stellen; sie hält sich 6 Monate.

6 Vor dem Verzehr etwa 1 Stunde bei Zimmertemperatur stehen lassen – oder länger, das hängt von der Größe des Behälter ab.

Himbeer-Birnen-Gelee

700 g reife Birnen, sehr fein gehackt
225 ml Fruchtsaft, z. B. Trauben- oder ungesüßten Apfelsaft
700 g Himbeeren
Zuckerraffinade (weißer Haushaltszucker)
Pektin

Ergibt etwa 1 kg

Geschmacklich harmonieren Himbeeren und Birnen hervorragend miteinander. Allerdings sind sie keine idealen Partner für ein gutes Gelee, denn sie sind arm an Pektin. In einem solchen Fall hilft Einmachzucker.

1 Birnenstücke in einen Topf legen, Fruchtsaft zugießen und Birnen darin weich kochen. Gelegentlich umrühren.

2 Himbeeren hinzugeben, leicht zerdrücken. So lange erhitzen, bis der Saft aus den Früchten läuft.

3 Den Topfinhalt in einen Baumwollbeutel geben und ihn in eine Schüssel hängen. Über Nacht zum Abtropfen an einen kühlen Ort stellen.

4 Das übrig geblieben Fruchtfleisch im Beutel entfernen. Den Saft abmessen und in einen sauberen Topf gießen. Für jeweils 570 ml Saft 425 g plus 2 Esslöffel Zucker in den Topf geben. Pektin nach Angaben des Herstellers hinzufügen. Das Ganze unter Rühren erhitzen. So lange rühren, bis der Zucker sich vollständig aufgelöst hat. Anschließend bis zum Siedepunkt aufkochen lassen (siehe Seite 23).

5 Mit einem Schaumlöffel den sich bildenden Schaum von der Oberfläche entfernen. Gläser vorbereiten (siehe Seite 11) und das Gelee einfüllen. Die Gläser über Nacht kühl stellen und anschließend beschriften. An einem kühlen trockenen Ort bis zu 6 Monaten aufbewahren.

Gegenüber: Himbeer-Birnen-Gelee

Himbeer-Konfitüre mit roten Johannisbeeren

Himbeeren sind pektinarm, rote Johannisbeeren hingegen reich an Pektin. Die Kombination beider Früchte schmeckt nicht nur gut, es gibt auch keine Probleme mit der Festigkeit.

1 kg Himbeeren
450 rote Johannisbeeren, von den Rispen gestreift
Saft von 1 Zitrone
1,4 kg Einmachzucker
1 Stück Butter (nach Belieben)

Ergibt 1,4 kg

1 Die Hälfte der Himbeeren und alle Johannisbeeren in einen Topf geben. Bei schwacher Hitze köcheln, bis der Saft heraustritt, gelegentlich umrühren.

2 Restliche Himbeeren, Zitronensaft und Zucker in den Topf geben. So lange rühren, bis sich der Zucker aufgelöst hat. Dann etwa 15 Minuten bis zum Siedepunkt (siehe Seite 23) kochen. Schäumt es zu sehr, Butter hinzufügen.

3 Topf vom Herd nehmen und Konfitüre 10 Minuten ruhen lassen. Gläser vorbereiten (siehe Seite 11) und Konfitüre einfüllen. Mit Wachsscheiben und Zellophan versiegeln (siehe Seite 14). Abkühlen lassen, Gläser beschriften und an einem kühlen, dunklen und trockenen Ort bis zu 1 Jahr lagern.

Himbeersirup

1,4 kg reife Himbeeren
Saft von 2 Zitronen
Zucker (siehe Methode)

Ergibt 1 l

Haben Sie überreife Früchte übrig, die sich für eine Konfitüre nicht mehr eignen, können Sie einen Fruchtsirup zubereiten. Im Kühlschrank hält sich der Sirup drei bis vier Wochen, er ist aber auch gefriergeeignet. Der Himbeersirup ist eine ideale Grundlage für Drinks – mit und ohne Alkohol, er bereichert aber auch jedes Dessert.

1 Himbeeren in eine hitzefeste große Schüssel geben und diese auf einen Topf mit köchelndem Wasser stellen. Unter gelegentlichem Rühren erhitzen, bis der Saft austritt. Himbeeren in ein mit einem Baumwolltuch ausgelegtes Nylonsieb geben, mit einem Holzlöffel fest darüber streichen, damit so viel Saft wie möglich herauskommt.

2 Saft abmessen. Für je 570 ml brauchen Sie 225 g Zucker. Beides in einen Topf geben und so lange rühren, bis sich der Zucker aufgelöst hat. Zitronensaft einrühren und den Himbeersirup anschließend 5 Minuten abkühlen lassen.

3 Den Sirup in sterilisierte Gläser (siehe Seite 11) füllen, oben 1,5 cm frei lassen. Rand abwischen.

4 Soll er länger halten, im Wasserbad konservieren (siehe Seite 16). Die Gläser beschriften und an einem kühlen, dunklen und trockenen Ort bis zu 6 Monaten aufbewahren. Im Kühlschrank lässt sich der Himbeersirup 3–4 Wochen lagern.

Himbeer-Pfirisch-Eisbecher mit Amaretti

3 große reife Pfirsiche, geschält, entkernt und gehackt
8 Amaretti oder anderes Mandelgebäck, zerbröselt
350 g Crème fraîche
etwa 175–225 ml Himbeersirup

Ergibt 4 Portionen

Am besten schmeckt dieses Dessert mit Vanilleeis oder gefrorenem Joghurt. Servieren Sie den Eisbecher dann sofort nach der Zubereitung..Aber auch mit Crème fraîche mundet dieser erfrischende Nachtisch hervorragend.

1 Pfirsichstücke mit den Amaretti vermengen. Die Hälfte der Mischung auf vier Gläser aufteilen.

2 Die Hälfte der Crème fraîche darüber geben, dann die Hälfte des Sirups darüber träufeln.

3 Das Ganze wiederholen. Vor dem Servieren mindestens 30 Minuten stehen lassen.

Gegenüber: Himbeer-Pfirisch-Eisbecher mit Amaretti

Rhabarber-Orangen-Marmelade

Rosige Rhabarber-Konfitüre

Die schönste Farbe bekommt diese Konfitüre durch rosaroten Rhabarber. Verwenden Sie grünen, fügen Sie fünf fein gehackte Angelikablätter (Engelwurz) zu. Dadurch duftet die Konfitüre schön süßlich. Über die Auswahl von Rosenblütenblättern können Sie sich auf Seite 145 informieren.

1 kg Rhabarber, klein geschnitten
1 große Hand voll dunkelroter Rosenblütenblätter, fein zerpflückt
1 kg Einmachzucker
Saft von 1 Zitrone

Ergibt etwa 1,4 kg

1 Rhabarber, Rosenblütenblätter und Zucker in eine Schüssel geben. Gut vermengen, dann abgedeckt über Nacht ruhen lassen.

2 Zutaten aus der Schüssel in einen Topf geben, Zitronensaft zufügen und das Ganze unter Rühren aufkochen, bis der Zucker aufgelöst ist. Danach 15 Minuten bis zum Siedepunkt (siehe Seite 23) kochen.

3 Topf vom Herd nehmen, Schaum abschöpfen und die Konfitüre 10 Minuten ruhen lassen. Gläser vorbereiten (siehe Seite 11) und Konfitüre einfüllen, mit Wachsscheiben und Zellophan (siehe Seite 14) versiegeln. Über Nacht ruhen lassen. Gläser beschriften und an einem kühlen, dunklen und trockenen Ort 2 Wochen vor dem Verzehr lagern. Hält 6 Monate.

Rhabarber-Orangen-Marmelade

Diese Marmelade schmeckt erst so richtig gut, wenn Sie mittelgroße dünne Rhabarberstangen auswählen. Dicke Stangen enthalten mehr Wasser und die Kochzeit verlängert sich.

2 große Orangen
2 Zitronen
450 ml Wasser
1,4 kg Rhabarber, in kurze Stücke geschnitten
1,4 kg Einmachzucker

Ergibt 2 kg

1 Orangen und Zitronen dünn schälen und Schale fein zerschneiden.

2 Saft aus Orangen und Zitronen pressen, Kerne aufbewahren, Saft in einen Topf geben. Weiße Haut und Kerne in einen kleinen Baumwollbeutel geben und am Topfgriff festbinden. Fruchtschale und Wasser in den Topf geben. Etwa 15 Minuten köcheln, bis die Schale weich genug ist.

3 Rhabarber zufügen. Weiterköcheln, bis ein dicker Fruchtbrei entsteht.

4 Baumwollbeutel herausnehmen, dabei noch einmal fest gegen den Topfrand drücken, damit restliche Flüssigkeit heraustritt. Den Zucker so lange einrühren, bis er sich aufgelöst hat. Etwa 10 Minuten bis zum Siedepunkt (siehe Seite 23) kochen.

5 Schaum abschöpfen, den Topf vom Herd nehmen und die Marmelade 15 Minuten ruhen lassen. Gut umrühren, um die Fruchtschale zu verteilen. Gläser vorbereiten (siehe Seite 11), Marmelade einfüllen, mit Wachsscheiben und Zellophan versiegeln (siehe Seite 14). Über Nacht abkühlen lassen, Gläser beschriften und an einem kühlen, dunklen und trockenen Ort 9–12 Monate aufbewahren.

Erdbeersirup

1,4 kg reife Erdbeeren
Zucker (siehe Methode)
Saft von 2 Zitronen

Ergibt 1 l

Verwenden Sie reife Erdbeeren, am besten sind meist die Früchte, die am Ende der Saison geerntet werden. Frisch gepflückte Erdbeeren schmecken noch besser, wenn sie vor dem Essen oder der Weiterverarbeitung einen Tag an einem kühlen Ort aufbewahrt werden. Der Sirup eignet sich als Getränk, aber auch als Sauce über Eis oder Sahne, Pfannkuchen oder frischen Früchten wie Pfirsichen, Birnen oder Erdbeeren ist er eine Delikatesse.

1 Erdbeeren im Mixer pürieren. Ein größeres Baumwolltuch in ein Sieb legen, das Püree hineingeben. Tuch darüber schlagen und so viel Saft wie möglich herausdrücken.

2 Saft abmessen. Für je 570 ml 225 g Zucker in einen Topf geben. Mischung unter Rühren erhitzen, bis der Zucker aufgelöst ist. Zitronensaft einrühren und das Ganze 5 Minuten abkühlen lassen.

3 Gläser oder Flaschen vorbereiten (siehe Seite 11). Sirup hineingießen, oben 1,5 cm frei lassen.

4 Im Wasserbad haltbar machen (siehe Seite 16). Gläser beschriften und an einem kühlen, dunklen und trockenen Ort 6 Monate aufbewahren.

Erdbeerkonfitüre

1,9 kg Erdbeeren, ohne Stielansätze
1,8 kg Einmachzucker
Pektin (gehen Sie nach den Angaben des Herstellers vor)

Ergibt 2,25 kg

Konfitüre aus Erdbeeren gehört zu den Rennern. Damit sie richtig gut wird, sollten Sie schmackhafte Früchte aus der Region verwenden und diese vorher nicht abspülen. Den Schmutz entfernen Sie mit Küchenpapier. Wichtig ist, mehr Früchte als Zucker zu verwenden. Erhöhen Sie den Pektinanteil, indem Sie Zitronensaft, flüssiges Pektin oder Einmachzucker für dieses Rezept verwenden. Letzterer verringert überdies die Kochzeit.

1 Erdbeeren halbieren oder vierteln. Erdbeeren, Zucker und Pektin in eine Schüssel geben und abgedeckt über Nacht durchziehen lassen.

2 Schüsselinhalt in einen Topf geben, erhitzen, bis der Saft aus den Früchten heraustritt, dann köcheln, bis die Früchte weich sind.

3 Aufkochen lassen und danach etwa 5 Minuten bis zum Siedepunkt kochen (siehe Seite 23).

4 Topf vom Herd nehmen, Schaum abschöpfen und Konfitüre 10 Minuten ruhen lassen. Gläser vorbereiten (siehe Seite 11), Konfitüre einfüllen, mit Wachsscheiben und Zellophan versiegeln (siehe Seite 14). Abkühlen lassen, Gläser beschriften und an einem kühlen, dunklen und trockenen Ort bis zu 6 Monaten aufbewahren.

Gegenüber: Erdbeersirup

Sommerbeerenkonfitüre

1,2 kg gemischte Beerenfrüchte, z. B. Erdbeeren, Himbeeren, rote und schwarze Johannisbeeren, Blaubeeren, vorbereitet
1 kg Einmachzucker
Saft von 2 Zitronen

Ergibt 1,6 kg

Mit dieser lieblichen Beerenkonfitüre fangen Sie den Geschmack und die Gerüche des Sommers ein. Suchen Sie Ihre Lieblings-Beerenfrüchte aus. Wenn Sie mögen, können Sie auch Kirschen hinzufügen, wiegen Sie diese nach dem Entsteinen ab.

1 Früchte und Zucker in eine Schüssel geben. Zitronensaft darüber gießen. Abgedeckt an einem kühlen Platz etwa 8 Stunden durchziehen lassen (Zucker sollte aufgelöst sein).

2 Schüsselinhalt in einen Topf geben. Vorsichtig erhitzen, bis der Saft aus den Früchten heraustritt.

3 Aufkochen lassen, dann bis zum Siedepunkt (siehe Seite 23) kochen.

4 Topf vom Herd nehmen, Schaum abschöpfen und Konfitüre 10 Minuten ruhen lassen. Gläser vorbereiten (siehe Seite 11), Konfitüre einfüllen, mit Wachsscheiben und Zellophan versiegeln (siehe Seite 14). Abkühlen lassen, Gläser beschriften und an einem kühlen, dunklen und trockenen Ort bis zu 6 Monaten aufbewahren.

Königspudding

570 ml Milch
Saft und Schale von 1 Zitrone
3 Eier (Größe M), getrennt
1 Tasse feiner Zucker
2 Tassen Briochekrümel
9 EL Sommer-Konfitüre, erwärmt

Ergibt 6 Portionen

Verwenden Sie hierfür eine selbst gemachte Sommer-Konfitüre und Krümel von Butter-Brioches. Backen Sie den Pudding in kleinen Förmchen. Sie werden staunen, wie gut dieses Dessert bei Familie und Gästen ankommt.

1 Backofen auf 170 °C (Gas Stufe 3) vorheizen. Milch und Zitronenschale in einem Topf erhitzen (nicht anbrennen lassen!), bis die Flüssigkeit kocht.

2 Eigelb und 55 g Zucker dickschaumig aufschlagen. Nach und nach in die heiße Milch rühren. Briochekrümel unterrühren.

3 6 Ramequinformen (je 200 ml) in einen Bräter stellen und den Pudding hineingeben. Bräter auf dem Rost in den Ofen schieben und kochendes Wasser hineingeben, so viel, dass die Förmchen zur Hälfte darin stehen. 30 Minuten backen.

4 Formen aus dem Backofen nehmen. Jeweils einen guten Klecks von der Konfitüre darauf geben. Formen in einen grillfesten Topf geben. Grill vorheizen.

5 Eiweiß steif schlagen. Restlichen Zucker unterrühren, damit ein Baiserteig entstehen kann. Jeweils einen Löffel davon auf die Förmchen setzen und anschließend 1–2 Minuten goldgelb backen. Sofort servieren.

Gegenüber: Königspudding

Eingelegte Rote Bete

Achten Sie beim Abspülen der Roten Bete darauf, dass die Schale nicht verletzt wird. Ich persönlich schneide die Rüben erst nach dem Backen auf, Sie können sie aber schon vorher in Scheiben schneiden. Kleine Rüben können ganz bleiben. Ihre Garzeit verringert sich auf 1½ bis 1¾ Stunden.

1 kg Rote Bete, ohne Spitzen und Wurzeln
1 TL geriebener frischer Meerrettich (nach Belieben)
1 TL grobkörniges Salz
1,1 l aromatisierter Essig (siehe Seite 38)

Ergibt etwa 1 kg

1 Den Backofen auf 180 °C (Gas Stufe 4) vorheizen. Die Rüben in Folie wickeln und je nach Größe 2–3 Stunden im Backofen garen. Aus dem Ofen nehmen und abkühlen lassen.

2 Rote Bete schälen, dann klein schneiden. In sterilisierte Gläser einschichten, Meerrettich nach Belieben hinzufügen.

3 Salz zum Essig geben, warten, bis es sich aufgelöst hat. Essig in einen Topf geben und aufkochen und dann die Roten Bete damit begießen, 1,5 cm Rand frei lassen. Gläser leicht schütteln, damit Luftblasen entweichen.

4 Gläser fest verschließen, beschriften und an einem kühlen, dunklen und trockenen Ort 2 Monate vor dem Verzehr ruhen lassen. Hält 2 Jahre.

Rote-Bete-Relish

Als Gegenpol zur süßlichen Roten Bete füge ich etwas Malzessig zu. Verwenden Sie vorgekochte Rüben, können Sie den ersten Schritt der Zubereitung überspringen.

450 g rohe Rote Bete
1 rote Zwiebel, dünn geschnitten
2 Äpfel, geschält, entkernt und klein geschnitten
125 ml Rotweinessig
125 ml Malzessig
4 EL Meerettich
55 g heller brauner Zucker
50 g Rosinen

Ergibt 1 kg

1 Den Backofen auf 180 °C (Gas Stufe 4) vorheizen. Die Rüben in Folie wickeln und je nach Größe 2–3 Stunden im Backofen garen. Aus dem Ofen nehmen und abkühlen lassen. Anschließend schälen.

2 Zwiebel- und Apfelstücke in einen Topf geben. Rotwein- und Malzessig zugießen, aufkochen lassen. Unter gelegentlichem Rühren 20 Minuten köcheln, bis Zwiebel und Äpfel weich sind.

3 Die Rote Bete hacken und mit dem Meerrettich, Zucker und Rosinen in einen Topf geben. Dann unter Rühren erhitzen, bis der Zucker aufgelöst ist. 10 Minuten köcheln, bis das Relish eingedickt ist. Beim Stehen dickt es weiter ein.

4 Gläser vorbereiten (siehe Seite 11) und Relish einfüllen, mit Wachsscheiben und essigbeständigen Deckeln verschließen (siehe Seite 14). Abkühlen lassen. Gläser beschriften und an einem kühlen, dunklen und trockenen Ort 6 Wochen vor dem Verzehr lagern. Hält 1 Jahr.

Gegenüber: Eingelegte Rote Bete

Gegrillte rote Paprika in Öl

1 kg große rote Paprikaschoten, halbiert, entkernt, ohne weiße Scheidewände
1 rote Zwiebel, fein gehackt
Grobkörniges Salz (siehe Methode)
2 Ofengetrocknete Tomaten mit Kräutern (siehe Seite 133), in feine Streifen geschnitten
Etwa 3 kleine Lorbeerblätter
3 frische Thymianzweige
2 EL Kapern in Salz
Etwa 350 ml Olivenöl, zusätzlich etwas zum Bestreichen

Ergibt 1,1 l

Wählen Sie Paprikaschoten, die für ihre Größe recht schwer sind, sie sind besonders fleischig. Gegrillte Paprika schmecken verführerisch rauchig. Wer mag, kann entsteinte schwarze Oliven hinzugeben.

1 Paprika und Zwiebel in eine Schüssel legen, großzügig mit Salz bestreuen, auch zwischen das Gemüse Salz streuen. Das Gemüse mit einer Platte beschweren und 1 Tag an einem kühlen Ort Saft ziehen lassen.

2 Paprika und Zwiebel in ein Sieb schütten und unter kaltem Wasser abspülen. Abtropfen lassen, dann auf einem Küchenhandtuch ausbreiten und anschließend an der Luft völlig trocknen lassen.

3 Den Grill vorheizen. Paprikahälften mit Öl bestreichen und auf beiden Seiten so lange backen, bis die Haut schwärzlich wird und Blasen wirft.

4 Paprika zusammen mit den Zwiebelstücken in ein sterilisiertes Gefäß geben. Die getrockneten Tomatenstreifen, Lorbeer, Thymian und Kapern zugeben.

5 Öl zugießen, die Paprika muss vollständig damit bedeckt sein. Das Glas leicht schütteln, um Luftblasen zu zerstören. Das Glas verschließen. An einem kühlen, trockenen und dunklen Ort mindestens 1 Monat vor dem Verzehr ruhen lassen. Hält 1 Jahr.

Pasta mit Paprika und Prosciutto

400 g Fettucine
6 halbe gegrillte rote Paprika, abgetropft und in Scheiben geschnitten
200 g Schinken, in feine Streifen geschnitten
Etwa 2 EL Kapern in Salz
Etwa 4 EL frisches Basilikum, klein geschnitten
4 EL Öl (von gegrillten roten Paprika)
Salz und gemahlener schwarzer Pfeffer

Ergibt 3–4 Portionen

Der Anblick von eingelegten gegrillten roten Paprikaschoten inspirierte mich, als ich eines Abends völlig erschöpft ein Abendessen zubereiten musste. Die Schinkenstreifen können in einer Pfanne ohne Fett kross gebraten werden, bevor Sie diese mit den Nudeln und den Paprikascheiben vermengen.

1 Fettucine in einen Topf mit kochendem Salzwasser geben. Aufkochen lassen und dann nach der Packungsanleitung garen.

2 Pasta abgießen und mit den restlichen Zutaten vermengen. Anschließend sofort servieren.

Pasta mit Paprika und Prosciutto

Provenzalisches Gratin

Selbst Eingemachtes erweist sich als sehr praktisch, wenn es darum geht, einem Essen das gewisse Extra zu geben. Augenblicklich wird so aus jeder Mahlzeit etwas Besonderes.

1 Den Backofen auf 225 °C (Gas Stufe 7) vorheizen. Wenn Sie eine frische Paprika verwenden, garen Sie diese unter dem Grill, bis die Haut schwarz wird und Blasen wirft. Paprika abkühlen lassen und die Haut abziehen. In Scheiben schneiden.

2 Die Hälfte der Kartoffeln, Zucchini, Tomaten und Paprika in eine große Auflaufform schichten. Mit Oliven, Käse, Kräutern, Salz und mit reichlich Pfeffer bestreuen. Eine zweite Schicht der Zutaten darauf legen, die obere Schicht soll aus Kartoffeln bestehen. Mit Öl beträufeln.

3 30–40 Minuten im Backofen braun und knusprig backen.

2 halbe gegrillte rote Paprikaschoten in Öl (siehe Seite 108), in Scheiben geschnitten, oder 1 kleine Paprika, halbiert

700 g Kartoffeln, gekocht und dünn geschnitten

Etwa 300 g Zucchini, dünn geschnitten

350 g Tomaten, in dünne Scheiben geschnitten

Etwa 12 entsteinte schwarze Oliven in Öl, gehackt

50 g geriebener Parmesan-Käse

5 EL TK-Provenzalische Kräuter

Salz und frisch gemahlener schwarzer Pfeffer

Extra natives Olivenöl zum Beträufeln

4 Portionen

Rote-Paprika-Gelee

4 große rote Paprikaschoten, entstielt, entkernt und fein gehackt
2–3 frische rote Chilis, entkernt und fein gehackt
400 ml Apfelessig
1,1 kg Kristallzucker
Pektin (folgen Sie den Herstellerangaben)
½ TL grobkörniges Salz

Ergibt ca. 1 kg

Für dieses klare, leicht orangerote Gelee hacken Sie die Paprika am besten mit einem scharfen Messer oder Wiegemesser. Den heraustretenden Gemüsesaft mit in den Topf geben (Schritt 1). Das Gelee ist süß und pikant. Es eignet sich zum Glasieren, schmeckt aber auch als Beilage, z. B. zu gebratenem oder gegrilltem Hähnchen oder Schwein oder zu Weichkäse.

1 Rote Paprika, Chilis und Essig in einen Topf geben. Aufkochen und dann 15 Minuten köcheln lassen.

2 Topfinhalt in einen Baumwollbeutel geben, diesen in eine Schüssel hängen und 15 Minuten abtropfen lassen.

3 Den Saft in einen sauberen Topf geben, den Beutelinhalt wegwerfen. Zucker, Pektin und Salz einrühren und unter Rühren erhitzen, bis der Zucker aufgelöst ist. Aufkochen und bis zum Siedepunkt kochen (siehe Seite 23).

4 Gläser vorbereiten (siehe Seite 11) und das Gelee einfüllen,dann mit Wachsscheiben und Zellophan (siehe Seite 14) versiegeln. Abkühlen lassen. Gläser beschriften und an einem kühlen, dunklen und trockenen Ort bis zu 6 Monaten aufbewahren.

Rote-Paprika-Chutney

1,1 kg große rote Parikaschoten, entstielt, entkernt und gehackt
700 g rote Zwiebeln, gehackt
575 g Äpfel, geschält, entkernt, gehackt
1 kg reife feste Tomaten, entkernt und gehackt
850 ml Rotweinessig
2 EL Paprikapulver
4 EL geriebener frischer Ingwer
2 geh. TL Pimentkörner, zerdrückt
1 Prise zerdrückte Paprikasamen
450 g Zucker

Ergibt etwa 2,75 kg

Damit dieses Chutney die leuchtend rote Farbe der Paprikaschoten annimmt, sollten Sie hellen braunen Zucker, keinen weißen Kristallzucker verwenden.

1 Rote Paprika, Zwiebeln, Äpfel, Tomaten und Essig in einen Topf geben.

2 Gewürze in einen kleinen Baumwollbeutel geben, diesen am Topfgriff festbinden. Die Zutaten etwa 20 Minuten köcheln lassen, bis Gemüse und Äpfel weich sind.

3 Bei schwacher Hitze Zucker einrühren, so lange köcheln, bis er sich aufgelöst hat und die Masse eindickt. Gewürzbeutel sehr fest gegen den Topf drücken, um restliche Flüssigkeit herauszubekommen und entfernen. Das Chutney ist fertig, wenn Sie mit dem Löffel über den Topfboden ziehen und keine Flüssigkeit in die Spur läuft. Das Chutney dickt während des Stehens weiter ein.

4 Gläser vorbereiten (siehe Seite 11) und das Chutney einfüllen, dann mit Wachsscheiben und essigbeständigen Deckeln verschließen (siehe Seite 14). Gläser beschriften und an einem kühlen, dunklen und trockenen Ort etwa 6 Wochen vor dem Verzehr ruhen lassen. Hält 1 Jahr.

Gegenüber: Rote-Paprika-Gelee

Eingelegter Rotkohl mit Orange

Der Kohl schmeckt erst nach drei bis vier Monaten Ruhe richtig gut, denn je länger er durchzieht, desto zarter wird er. Schmeckt gut zu Brot und Käse, geräuchertem Fleisch und Kasserollen.

1 Kohl und Zwiebel in ein Sieb legen, Salz darüber und dazwischen streuen. Das Sieb auf eine Schüssel stellen und über Nacht an einem kühlen Platz abtropfen lassen. Dann das Gemüse gut abspülen und mit einem Geschirrhandtuch abtrocknen. Auf ein weiteres Küchenhandtuch legen, gut ausbreiten und anschließend an der Luft vollständig trocknen lassen.

2 Für den Würzessig alle Zutaten mit Orangensaft und -schale in einen Topf geben und erhitzen, mit einem Holzlöffel umrühren, bis der Zucker aufgelöst ist. 2 Minuten kochen. Topf vom Herd nehmen und Essig abkühlen lassen.

3 Essig erneut aufkochen und wieder vom Herd nehmen. Rosinen unter das Kohl-Zwiebel-Gemisch mengen und dieses fest in sterilisierte Gläser füllen. Essig darüber gießen. Gläser leicht schütteln, um Luftblasen zu zerstören. Gläser verschließen und abkühlen lassen. 1 Monat vor dem Verzehr an einem kühlen, dunklen und trockenen Ort aufbewahren. Hält 1 Jahr.

1 Rotkohl (etwa 1 kg), geviertelt, ohne Strunk, dünn geschnitten
1 große Zwiebel, dünn geschnitten
Grobkörniges Salz
Saft und Schale von 3 großen Orangen

Für den Würzessig:
350 ml Rotweinessig
175 ml Himbeeressig
1½ TL Pimentkörner, leicht zerdrückt
1½ TL ganze Nelken
2 Lorbeerblätter, halbiert
1 Stück Zimtrinde
1 EL brauner Zucker
75 g Rosinen

Ergibt etwa 1 kg

Schweinekoteletts mit eingelegtem Rotkohl

Ein Rezept, das Sie einfach umsetzen können. Sind die Koteletts knusprig braun, gart die Mahlzeit aus Kohl, Pflaumen und Fleisch vor sich hin, ohne dass besondere Aufmerksamkeit erforderlich wäre. Auch wenn Sie nicht gleich die Zeit zum Essen haben, verdirbt die Mahlzeit nicht. Sie kann auch im Backofen bei 150 bis 160 °C zubereitet werden, das geht noch einfacher.

1 Die Koteletts bei mittlerer Hitze von beiden Seiten in der Pfanne bräunen. Mit Salz und Pfeffer würzen und auf einen Teller legen. Kohl in die Pfanne geben und erhitzen.

2 Kohl in eine große ofenfeste Kasserolle geben. Pflaumen untermengen und die Koteletts darauf legen. Abdecken und bei schwacher Hitze etwa 45 Minuten garen. Nach etwa 20 Minuten die Koteletts wenden.

4 Lendenkoteletts (je 225 g)
Salz und frisch gemahlener schwarzer Pfeffer
700 g eingelegter Rotkohl, abgetropft
4 reife Pflaumen (je 100 g), geviertelt und entsteint

4 Portionen

Gegenüber: Schweinekoteletts mit eingelegtem Rotkohl

Bread-and-Butter-Pickles

2 kleine Salatgurken (etwa 450 g), in Scheiben geschnitten
1 Gemüsezwiebel, klein geschnitten
3 EL grobkörniges Salz
175 ml Weißweinessig
150 g Kristallzucker oder heller brauner Zucker
2 TL schwarze Senfkörner, leicht zerdrückt
1 TL Koriandersamen, leicht zerdrückt
1 TL Selleriesamen, leicht zerdrückt

Ergibt etwa 700 g

Viele glauben, dies sei ein amerikanisches Rezept, in Wirklichkeit stammt das Original aus England. Im Laufe der Jahre wurde daraus das heiß geliebte süß-sauer Eingelegte, das für Sandwiches, als Beilage zu Hot Dogs und für viele andere Gerichte verwendet wird.

1 Gurke und Zwiebel in ein Sieb legen, Salz zwischen die einzelnen Lagen und darüber streuen. Sieb in eine Schüssel stellen und über Nacht an einem kühlen Ort das Gemüse Saft ziehen lassen. Am nächsten Tag gut abspülen und mit einem Küchenhandtuch gründlich abtrocknen.

2 Essig, Zucker, Senf, Koriander und Sellerie in einen Topf geben und erhitzen, so lange rühren, bis der Zucker vollständig aufgelöst ist. Anschließend 3 Minuten kochen.

3 Gurke und Zwiebel in den Topf geben und aufkochen lassen. 1 Minute kochen, dann den Topf vom Herd nehmen.

4 Das Gemüse in vorgewärmte sterilisierte Gläser schichten und mit Essig bedecken. Gläser leicht schütteln, um Luftblasen zu zerstören. Die Gläser beschriften und an einem kühlen, trockenen und dunklen Ort 1 Monat vor dem Verzehr ruhen lassen. Hält etwa 1 Jahr.

Dill-Pickles

900 ml Weißweinessig
570 ml Wasser
1 TL Dillsamen
2 TL schwarze Pfefferkörner, zerdrückt
1 Muskatblütenblatt (nach Belieben)
6 EL grobkörniges Salz
10–12 kleine Gewürzgurken
1 Bund frischer Dill
4–5 große Knoblauchzehen

Ergibt etwa 2 l

Damit die sauer eingelegten Gurken mild schmecken, verwendet man eine Mischung aus Weinweinessig und Wasser. Sie müssen dann im Kühlschrank aufbewahrt werden. Achten Sie darauf, dass die Gurken unbehandelt sind, ansonsten dringt der Essig nicht ein.

1 Essig und Wasser in einen Topf geben. Dillsamen, Pfefferkörner, Muskatblüte und Salz zufügen. Aufkochen und 3 Minuten kochen. DenTopf vom Herd nehmen und die Flüssigkeit abkühlen lassen.

2 Gurken in ein Glas geben, frischen Dill und Knoblauch nach Geschmack zugeben.

3 Die erkaltete Flüssigkeit mit den Gewürzen darüber gießen. Glas verschließen, beschriften und in den Kühlschrank stellen. Nach einigen Tagen prüfen, ob die Gurken gut mit der Essigflüssigkeit bedeckt sind. Wenn nicht, etwas zerknülltes Pergamentpapier auf das Glas legen, damit die Gurken nicht nach oben rutschen können. Das Papier nach 2 Wochen entfernen.

4 Dill-Pickles 4 Wochen vor dem Verzehr im Kühlschrank ruhen lassen. Hält bis zu 3 Monaten im Kühlschrank.

Gegenüber: Bread-and-Butter-Pickles

Mediterranes Chutney

1 kg große Tomaten, entkernt und gehackt
350 g Zucchini, gehackt
350 g Auberginen, gehackt
700 g rote Paprika, entstielt, entkernt, gehackt
350 g Zwiebeln, gehackt
3 Knoblauchzehen, gehackt
1 EL Paprika
1¼ EL Koriandersamen, leicht zerdrückt
1 EL grobkörniges Salz
300 ml Rotweinessig
350 brauner Zucker

Ergibt etwa 1,8 kg

Da es auch Tomaten, Paprika, Zucchini und Auberginen enthält, ist dieses Chutney etwas für Ratatouille-Liebhaber. Je nach Vorliebe und Geschmack können Sie die Mengen der Gemüsesorten variieren.

1 Gemüse, Knoblauch, Gewürze und Salz in einem großen Topf zugedeckt etwa 10 Minuten erhitzen, bis der Saft heraustritt, ab und zu umrühren.

2 Deckel vom Topf nehmen. Aufkochen und etwa 1 Stunde köcheln lassen, bis das Gemüse weich und fast die gesamte Flüssigkeit verdampft ist. Umrühren, um Klumpenbildung zu vermeiden.

3 Bei schwacher Hitze Essig und Zucker einrühren; so lange rühren, bis der Zucker sich aufgelöst hat. Weiterköcheln. Das Chutney ist fertig, wenn beim Holzlöffeltest keine Flüssigkeit in die Spur läuft. Das Chutney dickt während des Stehens weiter ein.

4 Gläser vorbereiten (siehe Seite 11) und das Chutney einfüllen. Mit Wachsscheiben und essigbeständigen Deckeln verschließen (siehe Seite 14). An einem kühlen, trockenen und dunklen Ort 1 Monat vor dem Verzehr ruhen lassen. Hält etwa 1 Jahr.

Eingelegte grüne Bohnen

350 g Gemüsezwiebeln, dünn geschnitten
450 ml Weißweinessig
450 g grüne Bohnen, Enden abgeschnitten, evtl. entfädelt und klein geschnitten
Salz (siehe Methode)
7 TL Speisestärke
2 TL Senfpulver
1½ TL gemahlene Kurkuma
350 g heller brauner Zucker

Ergibt ca. 1,4 kg

Wenn die Bohnensaison naht, steigt meine Beliebtheit rapide an. Ich selbst kultiviere zwar keine Bohnen, aber viele meiner Freunde und Bekannten. Meist haben sie so viel Bohnen, dass sie nicht wissen, wohin damit. Einem geschenkten Gaul schaut man nicht ins Maul, so meine Devise, und also verarbeite ich die überreiche Ernte, indem ich das Gemüse einlege. Es schmeckt herrlich zu kaltem Fleisch.

1 Zwiebeln und 150 ml Essig in einen Topf geben und die Zwiebeln in 10–15 Minuten weich garen.

2 In der Zwischenzeit die Bohnen in kochendem Salzwasser etwa 5 Minuten garen. In einem Sieb abtropfen lassen und dann zu den Zwiebeln in den Topf geben.

3 Speisestärke, Senfpulver und Kurkuma in eine kleine Schüssel geben und mit etwas von dem restlichen Essig zu einer glatten Paste verrühren. Paste in den Topf geben, restlichen Essig zugießen und das Ganze 10 Minuten köcheln lassen.

4 Gemüse und Flüssigkeit in vorgewärmte Gläser füllen, Gläser leicht schütteln, um Luftblasen zu zerstören. Verschließen und abkühlen lassen. Gläser an einem kühlen, dunklen und trockenen Ort mindestens 1 Monat vor dem Verzehr ruhen lassen. Hält etwa 1 Jahr.

Gegenüber: Mediterranes Chutney

Auberginenscheiben in Öl

2 Auberginen, Enden abgeschnitten und in 1,5 cm dicke Scheiben geschnitten
Grobkörniges Salz (siehe Methode)
Extra natives Olivenöl (siehe Methode)
2 Rosmarinzweige
4 Thymianzweige

Ergibt etwa 1,1 l

Damit die Auberginenscheiben ein schönes Muster bekommen, werden sie von jeder Seite zweimal gebraten. Wenn Sie auf dem Grill die Scheiben um 90 Grad drehen, bilden die zweiten Grillstreifen einen dekorativen rechten Winkel zu den ersten.

1 Die Auberginenscheiben in ein Sieb schichten, jede Schicht mit Salz bestreuen. Sieb auf eine Schüssel stellen und über Nacht Saft ziehen lassen.

2 Auberginen gut abspülen, abtropfen lassen und mit Küchenpapier trockentupfen. Auf einem Küchenhandtuch ausgebreitet an der Luft trocknen.

3 Auberginen in eine Schüssel geben und mit Öl beträufeln.

4 Eine schwere Grillpfanne erhitzen, halten Sie Ihre Hand darüber, müssen Sie die Hitze spüren. Die Auberginenscheiben portionsweise darin braten, bis die Grillstreifen sichtbar sind, dann wenden. Evtl. den Herd zwischendurch höher stellen.

5 Die Auberginenscheiben auf einen Rost legen und abkühlen lassen.

6 Eine etwa 1,5 cm dicke Ölschicht in jedes Glas geben. Auberginenscheiben einschichten und weiteres Öl darüber gießen, in jedes Glas 1 Rosmarinzweig und 2 Thymianzweige legen. Mit etwas Öl bedecken, Gläser verschließen und an einem kühlen, dunklen und trockenen Ort 1 Monat bis zum Verzehr ruhen lassen. Hält etwa 6 Monate.

Mozzarella-Auberginen in Carrozza

4 Scheiben Brot
1 mittelgroßes Stück frischer Mozzarella-Käse, in Scheiben geschnitten
8 Auberginenscheiben in Öl
2 Anchovis-Filets, halbiert (nach Belieben)
1 große Prise Oregano
2 Eier (Größe L), verquirlt
Salz und frisch gemahlener Pfeffer
Etwas Öl von den Auberginenscheiben zum Braten

Ergibt 2 Portionen

Wenn Sie Anchovis nicht so gern mögen oder keine vorrätig haben, ist das nicht weiter schlimm. Der schnelle Snack schmeckt auch so.

1 Zwei Scheiben Brot auf die Arbeitsfläche legen. Mit Mozzarella und den Auberginenscheiben gut belegen. Mit Anchovis bedecken und anschließend mit etwas Oregano bestreuen.

2 Die beiden anderen Brotscheiben darauf legen und danach die Kanten festdrücken.

3 Das Ei mit Salz und Pfeffer würzen. Beide Seiten des Sandwiches in das Ei tauchen.

4 Etwas Öl in einer Pfanne erhitzen. Sandwiches von beiden Seiten darin braten, der Käse sollte gerade anfangen zu zerlaufen. Kurz auf Küchenpapier abtropfen lassen und dann sofort servieren.

Gegenüber: Mozzarella-Auberginen in Carrozza

Pilze in Öl

425 ml Olivenöl
1 kleine Zwiebel, fein gehackt
½ rote Paprika, entstielt, entkernt und fein gehackt
2 Knoblauchzehen, fein gehackt
425 ml Weißweinessig
300 ml Wasser
Einige Zweige frischer Thymian
Einige Zweige frische Petersilie
Einige Zweige frischer Estragon
3 Lorbeerblätter
5 Korianderkörner, zerdrückt
10 schwarze Pfefferkörner, zerdrückt
1 kg gemischte Pilze

Ergibt etwa 2 l

Ich habe das Glück, in einem Landstrich zu leben, wo es sehr viele Wildpilze gibt. Jedes Jahr wieder lege ich diese „Köstlichkeiten des Waldbodens" in Öl ein. Sie können für dieses Rezept natürlich auch gekaufte Pilze nehmen, z. B. Champignons, Shiitake-Pilze und Chanterelle-Pilze. Vorsicht: Sammeln Sie keine Pilze auf eigene Faust , es sei denn, Sie sind der 100-prozentige Pilzkenner. Lassen Sie sich ansonsten bei der Auswahl sicherheitshalber von einem Experten beraten.

1 Etwas Öl in einer großen Pfanne erhitzen und Zwiebel, Paprika und Knoblauch darin weich dünsten. Essig und Wasser zugießen. Frische Kräuter, Koriander und Pfefferkörner zugeben, aufkochen und 5 Minuten köcheln lassen.

2 Pilze in eine große Auflaufform geben und den Topfinhalt darüber gießen. Form abdecken und die Pilze etwa 12 Stunden an einem kühlen Ort durchziehen lassen, zwischendurch ab und zu umrühren.

3 Flüssigkeit abgießen. Gemüse und Kräuter mit Küchenpapier abtupfen und auf einem Küchenhandtuch zum Trocknen ausbreiten.

4 Gemüse und Kräuter in vorbereitete Gläser geben, Öl darüber gießen, bis das Gemüse vollständig bedeckt ist. Pilze fest einschichten, Gläser leicht schütteln, um Luftblasen zu zerstören.

5 Gläser fest verschließen, an einem kühlen, dunklen und trockenen Ort ca. 1 Monat vor dem Verzehr ruhen lassen. Hält 6 Monate.

Pilz-Ketchup

Bereiten Sie dieses Rezept mit wilden Pilzen aus Wald und Flur statt mit kultivierten Pilzen zu, erinnert das Endprodukt eher an eine glatte Sauce. Pflücken Sie niemals Pilze, ohne sicher zu sein, um welche Art es sich handelt. Mit diesem „Ketchup“ können Sie Fleischmahlzeiten, Pilzgerichte, Käse- oder Eierspeisen bereichern.

1,6 kg große, flachhütige Pilze, z. B. Portobello, sehr fein gehackt
3 EL grobkörniges Salz
1 geh. TL schwarze Pfefferkörner, leicht zerstoßen
1 TL Pimentkörner, leicht zerstoßen
1 TL ganze Nelken
½ TL frisch gemahlene Muskatnuss
300 ml Rotweinessig

Ergibt etwa 750 ml (hängt vom Flüssigkeitsgehalt der Pilze ab)

1 Pilze in eine Schüssel geben und das Salz einrühren. Zugedeckt an einem kühlen Ort 36–48 Stunden durchziehen lassen, ab und zu umrühren.

2 Schüsselinhalt in einen Topf geben. Restliche Zutaten zufügen und aufkochen lassen.

3 Kultivierte Pilze so lange kochen, bis die aus ihnen herausgetretene Flüssigkeit verschwunden ist. Anschließend in einem Mixer stückig pürieren. Das Püree wieder erhitzen und in vorgewärmte sterilisierte Gläser füllen. Die Gläser an einem kühlen, dunklen und trockenen Ort 1 Monat vor dem Verzehr ruhen lassen.

4 Verwenden Sie Wildpilze, gilt Punkt 3 nicht. Nach dem Aufkochen 2 Stunden köcheln lassen. In ein feines Sieb gießen, die Flüssigkeit wieder in den Topf geben und erneut aufkochen lassen. In vorgewärmte sterilisierte Gläser füllen und verschließen. Damit das „Ketchup“ haltbar wird, ist der Anteil an Essig und Salz relativ hoch. Sie können die Gläser nach Belieben im Wasserbad konservieren. Die Gläser an einem kühlen, dunklen und trockenen Ort aufbewahren. Hält 6 Monate.

Rahm-Hähnchen mit Pilzen in Öl

- 2 EL Öl von den in Öl eingelegten Pilzen (siehe Seite 122)
- 3 Knoblauchzehen, gehackt
- 700 g Hähnchenbrust, ohne Knochen und in kleine Stücke geschnitten
- 175 ml mittelsüßer Madeira-Wein
- 450 g Pilze in Öl (siehe Seite 122), abgetropft
- 325 ml fettreduzierte Crème fraîche oder Schmand
- 5 EL gehackter frischer Estragon
- Salz und frisch gemahlener schwarzer Pfeffer

Ergibt 4 Portionen

Dieses beeindruckende Essen ist schnell zuzubereiten und ideal, um Gäste zu bewirten oder sich selbst zu verwöhnen. Reichen Sie dazu Kartoffelpüree oder Pasta.

1 Öl in einer großen Pfanne erhitzen. Knoblauch zufügen und darin 2–3 Minuten sautieren. Hähnchen zugeben und unter ständigem Rühren 6 Minuten braten, bis der austretende Fleischsaft klar ist.

2 Madeira zugießen, 3–4 Minuten köcheln lassen, dann die Pilze, Schmand oder Crème fraîche, Estragon und Salz und Pfeffer zugeben. Etwa 3 Minuten erhitzen, bis Pilze und Schmand oder Crème fraîche heiß sind.

Eingelegte Schalotten

- 115 g grobkörniges Salz
- 1,2 l Wasser
- 1 kg Schalotten, geschält, Wurzel und Blattansatz intakt
- 570 ml Weißweinessig
- 300 ml Sherryessig
- 150 ml Balsamico
- 2 getrocknete rote Chilis
- 1 dünne Zimtstange
- 5 Pimentkörner, zerdrückt
- 2 Muskaltblütenblätter
- 2 Lorbeerblätter

Ergibt etwa 1 l

Da Schalotten allgemein lieblicher und aromatischer als Zwiebeln schmecken und die in diesem Rezept verwendeten Essigsorten weniger streng sind als brauner Malzessig, ist das Gegenstück zu den eingelegten Zwiebeln sehr viel milder.

1 Das Salz in eine Schüssel geben und Wasser einrühren. Ist das Salz aufgelöst, Schalotten zufügen. Platte oder Teller auf die Schüssel legen und die Schalotten 2–3 Tage an einem kühlen Ort durchziehen lassen, dabei ab und zu umrühren.

2 Gut 2 Stunden vor der Weiterverarbeitung Essig, Chilis, Zimt, Piment, Muskat und Lorbeer in einen Topf geben und langsam aufkochen. 1 Minute köcheln, dann vom Herd nehmen und abkühlen lassen.

3 Schalotten in ein Sieb geben, unter fließend kaltem Wasser abspülen. Abtropfen lassen und mit einem Handtuch oder Küchenpapier trockentupfen. Auf einem Küchenhandtuch ausbreiten und an der Luft trocknen lassen.

4 Die Schalotten in sterilisierte Gläser (siehe Seite 11) legen, Essig durch ein mit einem Baumwolltuch ausgelegtes Sieb gießen, dann über die Schalotten gießen. Schalotten völlig mit Essig überdecken. Gläser schütteln, um Luftblasen zu zerstören. Gläser fest verschließen (siehe Seite 14). An einem kühlen, trockenen und dunklen Ort mindestens 1 Monat vor dem Verzehr ruhen lassen. Hält 1 Jahr.

Gegenüber: Rahm-Hähnchen mit Pilzen in Öl

Pikante rote Zwiebelkonfitüre

Seit einigen Jahren sind Konfitüren aus Zwiebeln sehr beliebt. Normalerweise handelt es sich dabei um süß-saure Gerichte mit langsam geschmorten Zwiebeln, die sofort verzehrt werden sollten. Diese Version hält einige Monate und schmeckt köstlich zu Wurst, Kartoffeln, Roastbeef oder Schwein.

55 ml Erdnussöl
1,4 kg rote Zwiebeln, einige in dünne Scheiben geschnitten, die anderen gehackt
2 Sternanis, zerdrückt
8 schwarze Pfefferkörner, zerstoßen
2 TL grobkörniges Salz
225 g heller brauner Zucker oder weißer Kristallzucker
175 ml Himbeeressig
175 ml Sherryessig
55 ml Rotweinessig
½ TL gemahlener Piment

Ergibt 950 ml

1 Öl in einer großen Bratpfanne erhitzen. Zwiebeln, Sternanis und Pfefferkörner zugeben. Mit Salz bestreuen und abgedeckt bei schwacher Hitze unter gelegentlichem Rühren dünsten (nicht braun werden lassen). Das Salz entzieht den Zwiebeln das Wasser.

2 Zucker einrühren und weitere 15 Minuten dünsten, ab und zu umrühren.

3 Essig zugießen und aufkochen. Dann unter gelegentlichem Rühren so lange köcheln, bis fast die gesamte Flüssigkeit verschwunden ist.

4 Gläser vorbereiten (siehe Seite 11) und Zwiebelkonfitüre einfüllen. Mit Wachsscheiben und Zellophan versiegeln (siehe Seite 14). Abkühlen lassen, Gläser beschriften und an einem kühlen, dunklen und trockenen Ort 2 Wochen vor dem Verzehr ruhen lassen. Hält etwa 6 Monate.

Kürbis-Ananas-Konfitüre

1 kg große Kürbiswürfel, z. B. Butternut oder Kabocha
1,2 kg frische Ananaswürfel
2 EL frischer Limonen- oder Zitronensaft
850 g Einmachzucker
Pektin (Menge siehe Herstellerangaben)
1 Stück Butter

Ergibt etwa 700 g

Eine liebliche goldfarbene Konfitüre, die an ein geliertes Püree erinnert.

1 Kürbis in einen Topf geben, gerade so mit Wasser bedecken und unter gelegentlichem Rühren so lange köcheln, bis der Kürbis weich ist. Den Kürbis anschließend mit einem Kartoffelstampfer zerdrücken.

2 Ananas und Limonen- oder Zitronensaft in den Topf geben und köcheln, bis die Ananas weich ist.

3 Bei schwacher Hitze Zucker und Pektin einrühren. Ist beides aufgelöst, Konfitüre aufkochen und eindicken. Butter zugeben, um Schaumbildung zu vermeiden.

4 Topf vom Herd nehmen und Konfitüre 10 Minuten ruhen lassen. Gläser vorbereiten (siehe Seite 11), Konfitüre einfüllen und mit Wachsscheiben und Zellophan (siehe Seite 14) verschließen. Über Nacht abkühlen lassen. Die Gläser beschriften und an einem kühlen, dunklen und trockenen Ort bis zu 9 Monaten aufbewahren. Nach dem Öffnen in den Kühlschrank stellen.

Kürbischutney

1 kg fein gehackter Kürbis, z. B. Butternut oder Kabocha
4 EL fein gehackter frischer Ingwer
1½ EL fein zerdrückte Pimentkörner
1 Prise zerdrückte getrocknete rote Chilis
1 Zwiebel, gehackt
1 Apfel, geschält, entkernt und gehackt
2 rote Paprika, entstielt, entkernt und gehackt
570 ml Weißweinessig
115 g Zucker, zusätzlich 1 EL
150 g gehackte getrocknete Mango

Ergibt etwa 1,1 kg

Mit seiner orange-goldenen Farbe und den roten Flecken darin ragt dieses Chutney aus der Masse heraus.

1 Kürbis, Ingwer, Piment und Chili in einen Topf geben, gerade so mit Wasser bedecken und so lange köcheln, bis der Kürbis weich ist. Dann mit einem Kartoffelstampfer zerdrücken.

2 Zwiebel, Apfel, rote Paprika und Essig in den Topf geben und weiterköcheln, bis alle Zutaten weich sind.

3 Bei schwacher Hitze Zucker und die Mango einrühren. So lange rühren, bis der Zucker sich ganz aufgelöst hat, dann aufkochen und unter Rühren das Chutney köcheln, bis es eingedickt ist. Streichen Sie mit einem Holzlöffel am Topfboden entlang und läuft keine Flüssigkeit in die Spur, ist das Chutney fertig. Es dickt während des Stehens weiter ein.

4 Chutney in heiße sterilisierte Gläser (siehe Seite 11) füllen und versiegeln (siehe Seite 14). Abkühlen lassen, Gläser beschriften und an einem kühlen, dunklen und trockenen Ort 1 Monat bis zum Verzehr ruhen lassen. Hält etwa 1 Jahr.

Gegenüber: Kürbischutney

Kürbis-Orangen-Konfitüre

3 große Orangen
300 ml Wasser
1,8 kg große Kürbiswürfel, z. B. Butternut oder Kabocha
1,8 kg Einmachzucker
Pektin (Menge siehe Herstellerangaben)

Ergibt etwa 2,7 kg

Während Marmeladen in der Regel Zucker und Zitrusfrüchte enthalten, bestehen Konfitüren aus allen möglichen Frucht- bzw. Obstsorten. Im 19. Jahrhundert hatten Marmeladen sogar ausschließlich Orangen zum Inhalt, vor allem spanische Sevilla-Orangen. Die Kürbis-Orangen-Konfitüre hat eine festere Konsistenz als eine Marmelade, die nur aus Zitrusfrüchten besteht und ihr Geschmack ist herrlich frisch.

1 Orangen nicht schälen. Vierteln und in Scheiben schneiden (dick oder dünn, je nach Vorliebe).

2 Die Orangenscheiben in einen kleinen Topf geben, Wasser zufügen und dann zugedeckt etwa 15–20 Minuten köcheln lassen, bis die Schalen richtig weich sind.

3 Kürbis in einen großen Topf geben, das Wasser von den Orangen zugießen (Orangenscheiben beiseite legen)und zugedeckt weich köcheln lassen. Mit einem Kartoffelstampfer den Kürbis zerdrücken.

4 Bei schwacher Hitze Zucker und Pektin in den Kürbis rühren, so lange rühren, bis der Zucker aufgelöst ist. Mit den Orangenscheiben bis zum Siedepunkt (siehe Seite 23) kochen.

5 Topf vom Herd nehmen, 10 Minuten ruhen lassen. Gläser vorbereiten (siehe Seite 11), Konfitüre einfüllen und mit Wachsscheiben und Zellophan versiegeln (siehe Seite 14). Abkühlen lassen und an einem kühlen, trockenen und dunklen Ort bis zu 6 Monaten aufbewahren.

Kürbiskonfitüre und Apfelauflauf

150 g Semmelbrösel
85 g Butter, zerlassen
6–8 EL Kürbiskonfitüre
550 g Äpfel, geschält, entkernt und in dünne Scheiben geschnitten
Demerara-Zucker zum Bestreuen

Ergibt 4 Portionen

Dieser altmodische Apfelauflauf gelangt mit der Kürbiskonfitüre zu neuen Ehren. Der Kürbis setzt schöne Glanzlichter.

1 Den Backofen auf 180 °C (Gas Stufe 4) vorheizen. Semmelbrösel und Butter vermengen. Das Semmelbrösel-Butter-Gemisch in eine flache Auflaufform legen (etwas übrig lassen).

2 Konfitüre und Äpfel mischen und auf die Semmelbrösel streichen. Restliche Semmelbrösel darauf streichen. Mit dem Zucker bestreuen und etwa 30–40 Minuten im Backofen garen, die Äpfel sollten weich und die Oberfläche knusprig braun sein.

Gegenüber: Kürbiskonfitüre mit Apfelauflauf

Würziges Tomatenchutney

Es gibt jede Menge Rezepte für Tomatenchutneys. Eine Vielzahl von ihnen habe ich bereits ausprobiert. Dies ist zurzeit mein absoluter Favorit. Doch der Geschmack ändert sich; es kann also sein, dass ich morgen ein ganz anderes bevorzuge.

1 Alle Zutaten in einen Topf geben, aufkochen und unter Rühren so lange köcheln, bis das Chutney eingedickt ist. Es ist fertig, wenn Sie mit einem Holzlöffel am Topfboden entlangfahren und keine Flüssigkeit in die Spur läuft. Das Chutney dickt während des Stehens weiter ein.

2 Gläser vorbereiten (siehe Seite 11) und Chutney einfüllen, mit Wachsscheiben und essigbeständigen Deckeln (siehe Seite 14) versiegeln und abkühlen lassen. Gläser beschriften und an einem kühlen, dunklen und trockenen Ort mindestens 1 Monat vor dem Verzehr ruhen lassen. Hält etwa 1 Jahr.

2 große rote Zwiebeln, gehackt
4–6 große Knoblauchzehen, gehackt
1 rote Paprika, entstielt, entkernt und gehackt
225 g Äpfel, entkernt und gehackt
1 frische rote Chili, entkernt und fein gehackt
6 EL fein gehackter frischer Ingwer
3 EL gemahlener Cumin
2 EL getrockneter Oregano
1,1 kg feste reife Tomaten, entkernt und gehackt
225 ml Rotweinessig
115 g heller brauner Zucker oder weißer Kristallzucker

Ergibt etwa 1,2 kg

Ofengetrocknete Tomaten mit Kräutern

Vor einigen Jahren glaubte ich noch, es lohne sich nicht, Tomaten zu Hause zu trocknen – bei der Vielfalt, die im Handel erhältlich ist. Mittlerweile haben Aroma und Saftigkeit der Tomaten dramatisch nachgelassen, deshalb ist es durchaus wieder sinnvoll, Tomaten zu trocknen und in Öl zu konservieren.

1 Den Backofen auf geringster Stufe vorheizen und zum Schutz vor den Tropfen unten mit Alufolie auslegen.

2 Tomaten längs halbieren, Kerne mit einem Teelöffel herauskratzen. Hälften mit der Schnittseite nach unten auf einige Lagen Küchenpapier legen.

3 Auf die Tomatenhälften etwas Salz streuen und dann in gleichmäßigen Abständen mit der Schnittseite nach unten auf den Backofenrost legen. In den Ofen schieben und die Tür leicht geöffnet lassen.

4 Die Tomatenhälften etwa 6–12 Stunden trocknen lassen, bis sie sich zwar trocken aber auch noch fleischig anfühlen. Die Trockenzeit hängt von der Größe der Tomaten ab. Tomaten aus dem Ofen nehmen, abkühlen lassen.

5 Tomaten locker in sterilisierte Gläser legen, Kräuter nach Geschmack dazugeben. Öl über die Tomaten gießen, oben 1,5 cm frei lassen. Gläser leicht schütteln, um Luftblasen zu zerstören. An einem kühlen, dunklen, trockenen Ort mindestens 2 Wochen bis zum Verzehr ruhen lassen. Hält 6 Monate.

2,7 kg reife fleischige Tomaten (je fleischiger, desto besser)
Meersalz (siehe Methode)
Einige Zweige frischer Rosmarin, zusätzlich eine Kombination aus anderen frischen Kräutern, z. B. Basilikum, Thymian, Majoran oder Oregano
1 Lorbeerblatt
Etwa 570 ml natives Olivenöl

Ergibt etwa 1 l

Gegenüber: Würziges Tomatenchutney

Tomatensauce

1,4 kg reife Pflaumentomaten, halbiert
4 Knoblauchzehen
5 Thymianzweige
1 Rosmarinzweig
Salz und frisch gemahlener schwarzer Pfeffer
2 TL feiner Zucker
Olivenöl zum Beträufeln

Ergibt etwa 570 ml

Backt man die Tomaten im Ofen, wird die Sauce herrlich kräftig. Wer einen mediterranen Touch möchte, kann gehackte schwarze Oliven, Anchovis und frische Kräuter unter das Tomatenpüree rühren.

1 Den Backofen auf 200 °C (Gas Stufe 6) vorheizen. Die Tomaten mit der Schnittseite nach unten in einen leicht eingeölten Bräter legen. Knoblauch und Kräuter darüber streuen. Mit Salz, Pfeffer und Zucker bestreuen und mit etwas Olivenöl beträufeln. Die Tomaten etwa 20 Minuten backen, bis sie an den Rändern beginnen schwarz zu werden. Die Backofentemperatur auf 180 °C reduzieren (Gas Stufe 4) und die Tomaten 45–50 Minuten backen.

2 Kräuter entfernen und die Tomaten mit dem Knoblauch pürieren. Soll die Sauce besonders fein werden, streichen Sie das Püree durch ein Sieb.

3 Sauce abkühlen lassen. In gefriergeeignete strapazierfähige Behälter füllen, oben 2,5 cm frei lassen, damit sie sich ausdehnen kann. Die Sauce dann einfrieren. Herausnehmen, wenn sie fest geworden ist. Mit einem Deckel fest verschließen. Behälter beschriften.

4 Sauce erst kühl stellen, dann wieder tiefgefrieren. Hält 3 Monate.

5 Vor der Verwendung über Nacht in den Kühlschrank stellen oder etwa 5 Stunden bei Zimmertemperatur auftauen lassen.

Tomatenketchup

1,4 kg reife Tomaten, gehackt
2 rote Zwiebeln, gehackt
2 Selleriestangen, gehackt
2 Knoblauchzehen, zerdrückt (nach Belieben)
115 g heller brauner Zucker oder weißer Kristallzucker
175 ml Apfelessig
½ TL Cayennepfeffer
1½ TL sonnengetrocknetes Tomatenpüree (nach Belieben)
½ TL grobkörniges Salz

Ergibt etwa 570 ml

Dieses Ketchup ist ganz anders als die süßen Sorten, die Sie im Supermarkt kaufen. Deshalb ist es schwer, andere davon zu überzeugen, dass es sich tatsächlich um Ketchup handelt. Sind die Tomaten nicht sehr reif, fügen Sie zwei Teelöffel sonnengetrocknetes Tomatenpüree hinzu.

1 Tomaten, Zwiebeln, Knoblauch und Sellerie in einen Topf geben und bei sehr schwacher Hitze köcheln, bis die Tomaten zu einem Brei zerkocht sind. Hitze erhöhen und so lange kochen, bis die Mischung eingedickt ist, dabei ab und zu umrühren.

2 Die Mischung durch ein feines Sieb streichen und wieder in den gesäuberten Topf geben. Bei schwacher Hitze restliche Zutaten einrühren. So lange rühren, bis der Zucker aufgelöst ist. Köcheln, bis die Mischung dick geworden ist. Ab und zu umrühren.

3 Gläser vorbereiten (siehe Seite 11) und Tomatenketchup einfüllen. Im Wasserbad (siehe Seite 16) haltbar machen.

4 Gläser auf ein Holzbrett stellen und abkühlen lassen. An einem kühlen, dunklen und trockenen Ort mindestens 1 Monat bis zum Verzehr ruhen lassen. Hält etwa 1 Jahr.

Gegenüber: Tomatensauce

Tomaten-Schnittlauch-Pfannkuchen

225 g Cottage Cheese, abgetropft
2 Eier (Größe L), getrennt
85 g Mehl
1 TL Backpulver
6 halbe ofengetrocknete Tomaten mit Kräutern (siehe Seite 133), gehackt
3 EL Schnittlauchröllchen
Salz und frisch gemahlener schwarzer Pfeffer
Etwa 3 EL Milch
Olivenöl zum Braten

Ergibt 4 Portionen

Ideal zum Frühstück oder Brunch sind diese kleinen luftigen Pfannkuchen, die mit Cottage Cheese, getrockneten Tomaten und Schnittlauch zubereitet werden. Sie schmecken natürlich auch zu jeder anderen Tageszeit. Die zu verwendende Milchmenge hängt davon ab, wie saftig der Käse ist.

1 Cottage Cheese und Eigelb verrühren, dann Mehl und Backpulver untermengen. Eiweiß zu festem Eischnee schlagen. Erst einen Esslöffel Eiweiß unter die Käsemasse rühren, dann das restliche in zwei Portionen unterheben. Tomaten, Schnittlauch, Salz und Pfeffer unterrühren. Danach gerade so viel Milch hinzugießen, dass die Mischung locker vom Löffel fällt, wenn Sie diesen anstoßen.

2 Etwas Öl in einer großen Pfanne erhitzen. Große Esslöffel vom Teig in die Pfanne geben, leicht verstreichen. 2–3 Minuten garen, dann umdrehen und andere Seite leicht bräunen.

Zucchini-Chutney

670 g Zucchini, Enden abgeschnitten und grob gehackt oder in dünne Scheiben geschnitten
Grobkörniges Salz zum Bestreuen
2 Zwiebeln, gehackt
3 Knoblauchzehen, gehackt
175 g Rosinen
½ EL schwarze Pfefferkörner, zerdrückt
2 EL gehackter frischer Ingwer
1½ TL Selleriesalz
900 ml Weißweinessig
300 g heller brauner Zucker

Ergibt etwa 1 kg

Am allerbesten schmecken die kleinen Zucchini. Sind sie erst einmal groß geworden, enthalten sie sehr viel Wasser und durch das Salzen geht dann einiges vom Aroma verloren.

1 Zucchini in ein Sieb legen, zwischen die einzelnen Schichten Salz streuen. Das Sieb auf eine Schüssel stellen und die Zucchini danach eine Nacht lang Saft ziehen lassen.

2 Zucchini unter fließend kaltem Wasser abspülen, abtropfen lassen und mit einem Küchenhandtuch trockentupfen. Zucchini in einen Topf geben und Zwiebeln, Knoblauch, Rosinen, Pfefferkörner, Ingwer, Selleriesalz und Essig zugeben. Aufkochen und weitere 15 Minuten kochen, bis Zwiebeln und Zucchini weich sind.

3 Zucker zugeben und so lange rühren, bis er sich aufgelöst hat. Köcheln, bis die Mischung eingedickt ist. Das Chutney ist fertig, wenn Sie mit einem Holzlöffel am Topfboden entlangfahren und keine Flüssigkeit mehr in die Spur läuft. Während des Stehens dickt das Chutney weiter ein.

4 Gläser vorbereiten (siehe Seite 11) und das Chutney einfüllen. Mit Wachsscheiben und mit essigbeständigen Deckeln verschließen (siehe Seite 14). Gläser an einem kühlen, dunklen und trockenen Ort 1 Monat bis zum Verzehr ruhen lassen. Hält 1 Jahr.

Zucchini-Chutney

Eingelegtes italienisches Gemüse

Ordentlich in die Gläser geschichtet sieht das Gemüse im Regal so beeindruckend aus, dass sich die Mühe der Zubereitung wohl wirklich lohnt. Ihre Attraktivität ist jedoch auch ihr Ende, denn kaum einer kann diesen Köstlichkeiten widerstehen. Hat sich erst einmal jemand in das Glas vertieft und irgendwas Leckeres vom Boden gefischt (warum eigentlich immer zuerst vom Boden?), ist der schöne Effekt bald ruiniert.

225 g Zucchini, Enden abgeschnitten und in Streifen geschnitten
225 g Fenchel, in Streifen geschnitten
350 g Auberginen, Enden abgeschnitten und in Streifen geschnitten
225 g rote Zwiebeln, jeweils durch die Wurzel in 8 Stücke geteilt
1 rote und 1 gelbe Paprika, entstielt, entkernt, in Streifen geschnitten
2 Selleriestangen, in Scheiben geschnitten
150 g kleine Radieschen
115 g kleine Champignons, entstielt
175 g grobkörniges Salz
1,75 l Wasser
5 Knoblauchzehen, in Splitter geschnitten
4 EL extra natives Olivenöl
3 EL Walnussöl
725–850 ml Weißweinessig
4 getrocknete Chilis
8 kleine Zweige frischer Thymian und Rosmarin
8 kleine Lorbeerblätter

Ergibt etwa 2 l

1 Das Gemüse bis auf den Knoblauch in eine große Schüssel geben, dazwischen Salz streuen. Dann Wasser darüber gießen. Abgedeckt an einem kühlen Ort über Nacht durchziehen lassen.

2 Das Gemüse in ein Sieb geben und unter fließend kaltem Wasser abspülen. Abtropfen lassen und mit einem Küchentuch trockentupfen. Auf einem anderen Küchentuch ausbreiten. An der Luft trocknen lassen.

3 Gemüse in eine Schüssel geben und mit Knoblauch und Öl vermengen.

4 Etwas Essig in heiße sterilisierte Gläser geben. Die Hälfte der Chilis und Kräuter auf die Gläser verteilen. Das Gemüse so eng wie möglich hineingeben. Sind die Gläser halb voll, die restlichen Chilis und Kräuter zufügen. Gläser weiter einfüllen.

5 So viel Essig darüber gießen, dass das Gemüse vollständig bedeckt ist, oben 5 mm frei lassen. Das Gemüse fest herunter drücken, leicht schütteln, um alle Luftblasen zu zerstören. Abkühlen lassen. Gläser verschließen, beschriften und an einem kühlen, dunklen und trockenen Ort mindestens 1 Monat bis zum Verzehr ruhen lassen. Hält 6 Monate.

Zucchini-Chutney und Käsebrot

350 g Weizenmehl
350 Vollkornmehl
2 TL Backpulver
Salz und frisch gemahlener schwarzer Pfeffer
115 g Butter, gewürfelt
200 ml Milch
1 Hand voll grob gehackte Petersilie
6 EL Zucchini-Chutney (siehe Seite 136)
225 g Fontina, Mozzarella, Gruyère oder Cheddar, gerieben
1 große rote Zwiebel, sehr fein gehackt

Ergibt 4–6 Portionen

Ich mag gern Käse, der gut zerläuft, etwa einen Fontina, frischen Mozzarella oder alten Gruyère; vor allem, wenn das Brot noch warm serviert wird. Wollen Sie das Brot kalt servieren, können Sie auch einen weniger reifen, z. B. Cheddar verwenden (unreifer Käse hat meist etwas weniger Geschmack und wird während des Backens auch leicht ölig). Sie können an Stelle von Zucchini-Chutney natürlich auch Würziges Tomatenchutney (siehe Seite 133), Rote-Paprika-Chutney (siehe Seite 112) oder Mediterranes Chutney (siehe Seite 118) verwenden.

1 Den Backofen auf 200 °C (Gas Stufe 6) vorheizen. Beide Mehlsorten, Backpulver, Salz und Pfeffer in eine Schüssel sieben. Butter zufügen. Die Zutaten zu einem krümeligen Teig verarbeiten.

2 Milch und Petersilie unterarbeiten. Ist der Teig zu trocken, zusätzlich etwas Milch zufügen.

3 Den Teig auf einer leicht bemehlten Arbeitsfläche halbieren. Eine Teighälfte zu einem 1,5–2 mm dicken Rechteck oder Kreis ausrollen, Teig auf ein Backblech legen. Das Chutney darauf streichen, am Rand 1,5 cm frei lassen. Bis auf zwei Esslöffel den Käse und Zwiebel darüber geben. Mit Pfeffer bestreuen, Ränder mit Wasser einstreichen.

4 Den restlichen Teig ausrollen, auf die andere Teighälfte legen, Ränder fest zusammendrücken. Mit restlichem Käse bestreuen.

5 Etwa 10 Minuten auf oberer Einschubleiste backen, dann das Backblech auf die mittlere Einschubleiste schieben und in etwa 30 Minuten das Brot knusprig braun backen.

6 10 Minuten vor dem Essen abkühlen lassen.

Estragon-Orangen-Gelee

1,8 kg Orangen, halbiert und in Scheiben geschnitten (Halbkreise)
450 g Zitronen, halbiert und in Scheiben geschnitten (Halbkreise)
2,8 l Wasser
Kristallzucker oder Einmachzucker (siehe Methode)
2 EL Estragonblätter

Ergibt etwa 2,5 kg

Duftende goldene Gelees wie dieses passen ideal zu gegrilltem oder gebratenem Fleisch, Geflügel oder Wild – entweder als Klecks auf dem Teller oder in die Sauce gerührt. Kräutergelees munden auch zu Pâtés und Fisch, etwa Lachs und Forelle. Statt Estragon können Sie auch Thymian oder Minze verwenden.

1 Die Orangen- und Zitronenscheiben mit dem Wasser in einen Topf geben. Aufkochen und etwa 1½ Stunden köcheln lassen, bis sie weich sind.

2 Topfinhalt in einen Baumwollbeutel geben und über eine Schüssel hängen. Über Nacht an einem kühlen Ort Saft abtropfen lassen.

3 Fruchtfleisch und Schalen entfernen. Saft abmessen und in einen Topf gießen. Für je 570 ml Saft 450 g Zucker zufügen. Estragon zugeben. Unter Rühren erhitzen, bis der Zucker sich aufgelöst hat. Aufkochen und 15 Minuten bis zum Siedepunkt (siehe Seite 23) kochen.

4 Schaum abschöpfen und das Gelee 15 Minuten ruhen lassen. Gläser vorbereiten (siehe Seite 11) und das Gelee einfüllen. Mit Wachsscheiben und Zellophan (siehe Seite 14) versiegeln. Über Nacht abkühlen lassen. An einem kühlen, dunklen und trockenen Ort bis zu 1 Jahr lagern.

Gezuckerte Blüten

Wenn in Ihrem Garten reichlich Blumen blühen, möchten Sie natürlich gern das ganze Jahr über eine schöne Dekoration für Ihre Kuchen und Desserts haben. Die Auswahl muss für diese Zwecke einem Prinzip folgen: Blüten und Blumen müssen essbar sein. Verwenden Sie niemals Pflanzen, die mit Pestiziden besprüht worden sind. Auch Blumen, die Sie bei Ihrem Floristen erstanden haben, sollten Sie nicht zuckern, von solchen, die wild an den Straßenrändern wachsen, ganz zu schweigen. Suchen Sie Blüten aus, die einen schönen Duft verbreiten, z. B. von Rosen, Veilchen oder Falschem Jasmin. Gummiarabikum erhalten Sie in Fachgeschäften, bleibt Ihre Suche erfolglos, können Sie auch Eiweiß verwenden. Leider halten die Blüten dann nicht so lange.

Gummiarabikum oder Eiweiß (siehe Hinweis)
Einige Tropfen Rosen- oder Orangenwasser, wenn Sie Gummiarabikum verwenden;
1 Prise Salz, wenn Sie Eiweiß verwenden (siehe Methode)
Essbare Blüten (siehe Methode)
Feiner Zucker (siehe Methode)

1 Größeres Blumen wie Rosen in Blütenblätter teilen, möglichst immer ein Stück Stängel daran lassen.

2 Verwenden Sie Gummiarabikum, vermengen Sie es mit dem Blütenwasser. Folgen den Herstellerangaben, bis es sich aufgelöst hat; allgemein gilt: 1 EL Gummiarabikum mit 2 EL vom Blütenwasser vermengen. Verwenden Sie Eiweiß, schlagen Sie es zusammen mit dem Salz sehr steif.

3 Mit einem feinen Künstlerpinsel die Blumen oder Blüten mit Gummiarabikum oder Eiweiß bestreichen, bis sie bedeckt sind.

4 Die Blüten und Blumen mit Zucker bestreuen. Den überflüssigen Zucker abschütteln. Blüten und Blumen auf einen Rost legen und trocknen lassen.

5 Ggf. mit zusätzlichem Zucker bestreuen. An einem warmen Ort völlig trocknen lassen; Blüten und Blumen sollten so hart sein, dass man sie anfassen kann, ohne sie zu beschädigen. Anschließend zur Lagerung in einen luftdichten Behälter legen, zwischen die einzelnen Schichten gehört Pergamentpapier. Hält etwa 1 Jahr.

Hinweis Verwenden Sie keinen Fingerhut bzw. irgendwelche Angehörigen der Solanum-Familie (Kartoffeln, Tomaten, rankende Gartenpflanzen), Rittersporn, Duftwicke oder Blumen wie Hyazinthen und Lilien. Sind Sie nicht sicher, ob eine Blume essbar ist, holen Sie sich besser den Rat eines Fachmanns.

Rosenkonfitüre

Suchen Sie Rosen aus, die gerade voll in der Blüte stehen und die Sie nicht mit irgendwelchen chemischen Mitteln besprüht haben. Pflücken Sie die Blumen morgens, bevor der Tau verschwunden ist und die heiße Sonne am Himmel brennt.

Etwa 225 g wohl riechende dunkelrote Rosen, 10–12 Blütenköpfe
450 g Kristallzucker
Pektin (siehe Herstellerangaben)
750 ml plus 2 EL Wasser
Saft von 2 Zitronen
Rosenwasser zum Abschmecken (nach Belieben)
Lebensmittelfarbe (nach Belieben)

Ergibt etwa 1 kg

1 Blütenblätter vorsichtig von den Rosenköpfen zupfen, vorsichtig abspülen und dann mit einem Küchenhandtuch trockentupfen. Die weißen Ansätze herausreißen und in kleine Stücke zupfen.

2 Blütenblätter, Zucker und Pektin in eine Schüssel geben und verrühren. Zugedeckt etwa 24 Stunden ruhen lassen.

3 Wasser in einen Topf gießen. Zitronensaft zugeben und unter Rühren erhitzen, Zutaten aus der Schüssel zugeben und das Ganze zugedeckt 20 Minuten köcheln lassen.

4 Konfitüre bis zum Siedepunkt kochen. Rosenwasser zugeben, wenn die Konfitüre nicht genug Aroma besitzt und Lebensmittelfarbe zufügen, wenn die Konfitüre zu blass geraten ist.

5 Die Konfitüre 10 Minuten stehen lassen. Dann in vorgewärmte sterilisierte Gläser füllen. Mit Wachsscheiben und Zellophan (siehe Seite 14) versiegeln. Über Nacht abkühlen lassen, beschriften und an einem kühlen, dunklen und trockenen Ort bis zu 6 Monaten aufbewahren.

Forelle mit saurem Ingwer-Salat

Japanischer Ingwer

Im Allgemeinen reicht man eingelegten Ingwer zu Sushi und Sashimi, aber er schmeckt auch zu anderem Fisch, etwa Schalentieren, gegrilltem Lachs oder Forelle – sogar zu Geflügel. Fein gewürfelt bereichert er Salate; auch zum Reinigen des Gaumens kann man daran knabbern. Eingelegter Ingwer hat eine gelbliche oder blasse Lachsfarbe, geben Sie ein paar frische rote Pflaumen dazu oder einige Tropfen rote Lebensmittelfarbe, erstrahlt er in frischem Rosa. In Japan verwendet man nur frischen jungen Ingwer, da dieser in westlichen Gefilden kaum zu haben ist, halten Sie Ausschau nach Ingwer, der leicht glänzt und nicht faserig aussieht.

225 g frischer Ingwer
Meersalz (siehe Methode)
300 ml Reisessig
1 EL feiner Zucker
Einige Tropfen rote Lebensmittelfarbe

Ergibt etwa 350 ml

1 Den Ingwer sorgfältig schälen und in Richtung der Maserung in feine Scheiben schneiden. Dann 30 Minuten in kaltes Wasser legen und danach gut abtropfen lassen.

2 Ingwer in einen Topf mit kochendem Wasser geben, aufkochen lassen, erneut abtropfen und abkühlen lassen. In sterilisierte Gläser geben und mit Salz bestreuen.

3 Essig und Zucker erhitzen und rühren, bis der Zucker aufgelöst ist. Ggf. Lebensmittelfarbe einrühren. Essiglösung über den Ingwer gießen. Gläser versiegeln und 2 Wochen kühl ruhen lassen, hin und wieder Gläser schütteln, damit das Salz sich auflöst.

4 Gläser in den Kühlschrank stellen und den Ingwer innerhalb von 3 Monaten verbrauchen.

Forelle mit saurem Ingwer-Salat

Wenn Sie eingelegten Ingwer über pochierte Forellen oder Lachs streuen wirkt er als echter Geschmacksverstärker. Haben Sie Fischfond zur Verfügung, können Sie den Fisch natürlich auch darin garen.

2 Forellen (je 350 g), von Zimmertemperatur
Kochendes Wasser (zum Pochieren)
5 EL Erdnuss- oder Pflanzenöl
1 EL Limonensaft
Salz und frisch gemahlener schwarzer Pfeffer
3 Hand voll knackige Salatblätter, in mundgerechte Stücke gezupft
1 Hand voll junge Spinatblätter
4 TL fein gehackter Japanischer Ingwer
Gehackter Koriander zum Garnieren

Ergibt 4 Portionen

1 Forellen in eine Pfanne legen. Fisch mit kochendem Wasser begießen und erhitzen, bis das Wasser Blasen wirft. Zugedeckt 12 Minuten pochieren.

2 Die Forellen aus der Pfanne nehmen. Haut nach Belieben abziehen. Vorsichtig die Filetstücke von den Gräten ziehen und beiseite legen. Sie haben insgesamt vier Filets.

3 Erdnussöl, Limonensaft, Salz und Pfeffer zu einem Dressing verrühren. Salat und Spinat vermengen und das Dressing darüber gießen, erneut mischen. Salat auf vier Teller verteilen, mit Koriander garnieren. Forellenfilets darauf legen. Mit eingelegtem Ingwer bestreuen und servieren.

4 Sie können die Filets auch auseinander zupfen und unter den Salat mengen. Den Salat anschließend mit eingelegtem Ingwer garnieren.

Eingelegte Walnüsse

450 g grüne Walnüsse
115 g Salz
1,1 l Wasser
40 g frischer Ingwer
1,7 l Weißweinessig
75 g schwarze Pfefferkörner
40 g Pimentkörner, leicht zerdrückt

Ergibt etwa 2 l

Eingelegte Walnüsse gehören zu den unverzichtbaren Einmachschätzen der Landbevölkerung. Die Nüsse müssen geerntet werden, wenn die äußere Haut (wird später die harte Schale) noch grün und weich ist – ohne irgendwelche Zeichen von Härte. Das ist meist gegen Ende des Sommers der Fall. Tragen Sie beim Ernten möglichst Gummihandschuhe, damit Ihre Hände sich nicht verfärben.

1 Die Walnüsse mit einer Stopfnadel mehrfach einstechen und dann in eine Schüssel legen.

2 In der Hälfte des Wassers 50–60 g vom Salz auflösen, die Lösung über die Nüsse gießen und abdecken. 1 Woche stehen lassen, damit sich die Bitterstoffe verflüchtigen.

3 Nüsse abgießen und Flüssigkeit weggießen. Restliches Salz im restlichen Wasser auflösen, Lösung über die Nüsse gießen und weitere 2 Wochen stehen lassen.

4 Nüsse abgießen (Flüssigkeit weggießen), abspülen und trockentupfen. Die Nüsse auf einem Handtuch ausbreiten und 2–3 Wochen zum Trocknen liegen lassen. Sie haben dann eine schwärzliche Färbung angenommen.

5 Nüsse in trockene Gläser legen.

6 Den Ingwer mit einem Messer zerdrücken, zusammen mit Essig, Pfefferkörnern und Piment in einen Topf geben. 10 Minuten kochen, dann über die Nüsse gießen. Gläser schütteln, um Luftblasen zu zerstören.

7 Gläser verschließen, abkühlen lassen. An einem kühlen, trockenen und dunklen Ort mindestens 1 Monat bis zum Verzehr ruhen lassen. Hält 2 Jahre.

Kastanien in Sirup

600–700 g frische Esskastanien in der Schale
1 Vanilleschote
225 g plus 2 EL Zucker
225 ml flüssige Glukose
175 ml Wasser
2 EL Rum oder Brandy

Ergibt etwa 700 g

Die Zubereitung dieser süßen Bissen erinnert an das Kandieren. Denken Sie also daran, dass Vor- und Zubereitung mehrere Tage in Anspruch nehmen. Trotzdem ist der tägliche Arbeits- und Zeitaufwand recht gering. Kaufen Sie lieber ein paar Kastanien mehr als erforderlich, nur für den Fall, dass einige schlecht sind.

1 Jede Kastanie mit einem Messer einritzen und in einen Topf mit kochendem Wasser geben. Dann 10 Minuten köcheln, Topf vom Herd nehmen. Kastanien nach und nach herausnehmen und die äußere und dünnere innere Haut abziehen.

2 Kastanien in einen Topf geben, mit Wasser bedecken, Vanilleschote zugeben. Weich köcheln. Abgießen und mit Küchenpapier trockentupfen. Vanilleschote zur Seite legen.

3 In einen großen Topf Zucker und Glukose in 175 ml Wasser geben und erhitzen. So lange rühren, bis der Zucker aufgelöst ist. Aufkochen und zu einem Sirup einkochen. Topf vom Herd nehmen und die Kastanien hinzufügen. Erneut aufkochen lassen, dann abgedeckt über Nacht ruhen lassen.

4 Am nächsten Tag erneut aufkochen. Wieder abdecken und 1 Nacht ruhen lassen. Am nächsten Tag Vanilleschote in den Topf geben, aufkochen lassen. Topf vom Herd nehmen, Rum oder Brandy einrühren und alles in ein vorbereitetes Glas (siehe Seite 11) füllen. Glas schütteln, um Luftblasen zu zerstören und verschließen, im Wasserbad (siehe Seite 16) haltbar machen. Abkühlen lassen, Glas beschriften und an einem kühlen, trockenen und dunklen Ort mindestens 1 Monat bis zum Verzehr ruhen lassen. Hält 1 Jahr.

Kastanien und Vanillekonfitüre

Wenn die Kastanien erst einmal geschält sind, ist diese köstliche Konfitüre schnell zubereitet. Sie müssen auch nicht an den Siedepunkt denken, die Mischung wird einfach so lange gekocht, bis sie dick genug ist.

Etwa 1,25 kg frische Esskastanien in der Schale
1 Vanilleschote
600 heller brauner Zucker
2 EL dunkler Rum

Ergibt etwa 1,4 kg

1 Jede Kastanie mit einem Messer einritzen und in einen Topf mit kochendem Wasser geben. Dann 10 Minuten köcheln, Topf vom Herd nehmen. Kastanien nach und nach herausnehmen und die äußere und dünnere innere Haut abziehen.

2 Kastanien in einen Topf geben, mit Wasser bedecken, Vanilleschote zugeben. Weich köcheln. Kastanien abgießen, Kochflüssigkeit und Vanilleschote zur Seite stellen. Kastanien pürieren, Püree wiegen, es sollten 750 g sein.

3 Püree, Zucker und 100 ml von der Kochflüssigkeit in einen Topf geben. Die Vanilleschote aufritzen, das Mark herauskratzen und mit der Schote ebenfalls in den Topf geben. Erhitzen, so lange rühren, bis der Zucker aufgelöst ist. Aufkochen und unter Rühren so lange kochen, bis das Ganze dick geworden ist. Rum unterrühren und die Schote entfernen.

4 Gläser vorbereiten (siehe Seite 11) und Konfitüre einfüllen. Gläser mit Wachsscheiben und Zellophan (siehe Seite 14) verschließen. Über Nacht abkühlen lassen, Gläser beschriften und an einem kühlen, dunklen und trockenen Ort bis zu 6 Monaten aufbewahren. Hält etwa 1 Jahr.

Graved Lachs

2 EL grobkörniges Salz
2 EL feiner Zucker
1 kg Wildlachs, filetiert, mit Haut
2 Zitronengrasstängel, unterer Teil, ohne äußere Blätter, sehr fein gehackt
Geriebene Schale von 2 Limonen
1½ TL Koriandersamen, geröstet und zerstoßen
1 Stück geriebener Ingwer
Frisch gemahlener schwarzer Pfeffer
5 EL fein gehackter Koriander
3 EL fein gehackte frische Minze

Ergibt 8–10 Portionen

Ideal als erster Gang eines Menüs, weil Graved Lachs (Gravlax) sich gut vorbereiten lässt. Er wartet im Kühlschrank, während Sie sich unterhalten. Ich serviere den Lachs auf einem Bett aus knackigen Salatblättern und Koriander, dazu Mayonnaise, die mit Limonensaft verrührt wird. Für die Kanapees gebe ich einen Klecks Mayonnaise auf kleine Toaststücke oder Kräcker, drapiere dann locker einige dünne Scheiben Lachs und Gurke darauf und garniere das Ganze mit Koriander. Ich persönlich mag Wildlachs gern, er hat festeres mageres Fleisch und ein besseres Aroma als gezüchteter Lachs.

1 Salz und Zucker vermengen und den Lachs von beiden Seiten damit einreiben. Restliche Zutaten mischen und den Lachs ebenfalls damit einreiben.

2 Den Fisch mit der Hautseite nach oben in eine Auflaufform legen und mit Folie abdecken. Mit Gewichten beschweren.

3 Den Lachs 3 Tage im Kühlschrank durchziehen lassen, Fisch einmal täglich wenden und heraustretende Säfte entfernen.

4 Folie und restliche Flüssigkeit entfernen und den Fisch in sehr dünne Scheiben schneiden. Das scharfe Messer dabei immer parallel zum Fisch halten.

Provenzalische Kräuter-Shrimps

Am besten eignen sich kleine Shrimps, die kurz zuvor gekocht wurden. Als Vorspeise passen sie gut zu warmem Ciabatta, mit einem knackigen Salat bilden sie ein leichtes Mittagessen. Sie können die Shrimps auch in ein Risotto rühren oder mit Pasta vermengen.

225 g Butter, gewürfelt
450 g geschälte, frisch gekochte kleine Shrimps, einige davon fein gehackt
2–3 EL gehacktes frisches Basilikum
2–3 EL gehackte frische Kräuter, z. B. Thymian, Estragon, Oregano, Schnittlauch und Rosmarin
Salz und frisch gemahlener schwarzer Pfeffer

Ergibt 6 Portionen

1 150 g plus zwei Esslöffel von der Butter zerlassen. Die Shrimps mit den Kräutern und Salz und Pfeffer vermengen. Shrimps vorsichtig in die zerlassene Butter rühren und dann zugedeckt etwa 5–10 Minuten erwärmen, bis die Shrimps vollständig mit der Butter bedeckt sind.

2 Mischung in kleine Soufflé- oder Ramequinformen geben und abkühlen lassen.

3 Restliche Butter erhitzen, bis sie zu schäumen beginnt; Topf vom Herd nehmen und einige Minuten warten, bis der Milchanteil nach unten sinkt. Die geklärte Butter anschließend vorsichtig über die Shrimps gießen.

4 Shrimps in den Förmchen abkühlen lassen; zugedeckt 1 Tag bis zum Verzehr in den Kühlschrank stellen. Innerhalb 1 Woche verbrauchen. Haben Sie erst einmal davon genascht, müssen die Shrimps noch am selben Tag aufgegessen werden.

Rollmöpse

Sie eignen sich zusammen mit Brot als Vorspeise oder passen aufs Buffet. Mit grünem Salat oder Kartoffelsalat ergeben sie eine leichte Mahlzeit.

225 g Salz
1 l Wasser
8 Heringe (je 225 g), gesäubert und entgrätet
500 ml Weißweinessig
500 ml Wasser
2 TL Wacholderbeeren, zerstoßen
1 Muskatblütenblatt (nach Belieben)
1 TL Pimentkörner, zerdrückt
4 große Gewürzgurken, in dicke Keile geschnitten
1 Zwiebel, in Ringe geschnitten
2–3 Lorbeerblätter
12 schwarze Pfefferkörner
2 EL Kapern

Ergibt 8 Rollmöpse

1 Das Salz und 1 Liter Wasser in einen Topf geben und aufkochen; so lange rühren, bis das Salz aufgelöst ist. Abkühlen lassen.

2 Heringe in eine große Auflaufform legen. Das Salzwasser darüber gießen, Fisch zugedeckt 24 Stunden einlegen.

3 In der Zwischenzeit Essig, 500 ml Wasser, Wacholder, Muskatblüte und Piment in einen Topf geben. Aufkochen und dann 10 Minuten köcheln, abkühlen lassen.

4 Die Heringe aus dem Salzwasser nehmen, abspülen und mit der Haut nach unten auf ein Brett legen.

5 Gurken auf die Heringe verteilen. Jeden Hering aufrollen und mit einem Zahnstocher befestigen.

6 Rollmöpse in kalte sterilisierte Gläser legen und Zwiebelringe, Lorbeerblätter, Pfefferkörner und Kapern dazulegen. Oben etwa 5 mm frei lassen. Gläser verschließen und vor dem Verzehr mindestens 4 Tage im Kühlschrank durchziehen lassen. Halten einige Wochen.

Gegenüber: Rollmöpse

Rilettes

115 g frisches Schweinefleischfett vom Rücken, gehackt

1 kg frisches Bauchfleisch vom Schwein, zusätzlich einige Knochen

1 Schalotte, gehackt

2 frische Thymianzweige

3 frische Petersilienstängel

1 Lorbeerblatt)

1 Prise Quatre épices (Die Würzmischung erhalten Sie, wenn 5 TL schwarzer Pfeffer, 2 TL geriebene Muskatnuss, 1 TL Gewürznelken und 1 TL Ingwerpulver vermengt werden.)

Salz und frisch gemahlener schwarzer Pfeffer

5 EL Wasser

Ergibt 6 Portionen

Diese herrlichen Rilettes (zerkleinertes, eingelegtes Schweinefleisch) werden überall in Frankreich zubereitet, eine Spezialität sind sie allerdings in der Loire-Region. Jeder Koch hat sein besonderes Rilette-Geheimnis und findet, sein Rilette sei das beste überhaupt. Sie können ein Rilette ganz leicht zu Hause zubereiten, vorausgesetzt Sie verwenden das richtige Stück Schwein – frisch und nicht gefroren. Quatre épices ist eine französische Gewürzmischung, die Sie in gut sortierten Geschäften erhalten, aber auch selbst mischen können. Mit Fett haltbar gemacht bleibt das Rilette einige Tage im Kühlschrank frisch. Es ist ideal als Snack oder als leichte Mahlzeit.

1 Den Backofen auf 130 °C (Gas Stufe 1) vorheizen. Das Fett in einen ofenfesten Topf geben und zum Schmelzen in den Backofen stellen.

2 Das Schweinefleisch klein schneiden und zusammen mit der Schalotte, den Knochen, Thymian, Petersilie, einem Lorbeerblatt, Quatre èpices, Salz, Pfeffer und Wasser zum geschmolzenen Fett geben. Im Backofen etwa 4 Stunden garen, dabei ab und zu umrühren. Ggf. muss noch zusätzliches Wasser zugegossen werden.

3 Knochen und Kräuter aus dem Topf nehmen. Dann ein Sieb auf eine Schüssel stellen und das Fleisch darin abgießen, das Fett und die Garflüssigkeit aufbewahren.

4 Mit einer Gabel das Fleisch zerkleinern und dann in kleine sterilisierte Steingutformen geben, oben 1,5 cm frei lassen.

5 Restliches Fett erhitzen und über das Rilette gießen. Abkühlen lassen, dann mindestens 1 Tag im Kühlschrank ruhen lassen. Vor dem Essen 30 Minuten bei Zimmertemperatur erwärmen. Innerhalb von 4–5 Tagen aufessen.

Heißgeräucherte Schweinekoteletts mit Ingwer, Limone und Koriander

Durch das lang dauernde Heißräuchern bleiben Saft und Aromen erhalten. Am besten schmecken die Koteletts zu Kartoffelbrei und Salat oder zu gegrillten Tomaten und Pilzen.

4 Schweinekoteletts
1 EL fein gehackter frischer Ingwer
1 kleine Knoblauchzehe, fein gehackt
2 EL Sojasauce
1½ TL Sesamöl
4 EL Erdnuss- oder Pflanzenöl
Saft von 2 Limonen
Grobkörniges Salz und frisch gemahlener schwarzer Pfeffer
3 EL gehackter Koriander

Ergibt 4 Portionen

1 Koteletts nebeneinander in eine Auflaufform legen. Restliche Zutaten außer Koriander mischen und auf die Koteletts geben, Fleischstücke umdrehen. Zugedeckt an einem kühlen Ort 4 Stunden durchziehen lassen, Fleisch ab und zu wenden.

2 Das Räuchergerät nach den Herstellerangaben vorbereiten.

3 Fleisch aus der Marinade nehmen, Marinade zur Seite stellen. Fleisch in den Räucherapparat legen und bei 110–120 °C 2–3 Stunden räuchern. Im Innern sollten die Koteletts eine Temperatur von 70 °C haben. Während des Räucherns Fleisch mehrmals mit der Marinade bestreichen.

4 Das Fleisch auf bereits vorgewärmte Teller legen, mit Salz und Koriander bestreuen und sofort servieren.

Schweine-Pâté

Traditionellerweise enthält eine Schweinepâté viel fettes Schweinefleisch, z. B. Bauch und zusätzliches Schweinefett – das fördert die Haltbarkeit und verhindert gleichzeitig das Austrocknen. In diesem Rezept habe ich versucht, einen Kompromiss zu finden. Die Pâté ist saftig und zugleich relativ fettarm. Das Rezept hält Variationsmöglichkeiten bereit: Sie können Stücke von Chorizowurst oder Salami einarbeiten und gegarte Pilze durch Oliven ersetzen. Damit die Pastete fest, aber nicht zu trocken wird, fügen Sie 85 g Semmelbrösel zu.

2 EL Butter
1 große Zwiebel, fein gehackt
3–4 Knoblauchzehen, fein gehackt
450 g Schweinebauch
175 g Kalbfleisch
175 g Hähnchenleber
150 g Prosciutto oder Pancetta, gehackt
125 g entsteinte schwarze Oliven, gehackt
5 EL gehackte gemischte Kräuter, z. B. Thymian, Oregano, Petersilie, Basilikum, Estragon und Rosmarin
2–3 EL Brandy
Salz und frisch gemahlener schwarzer Pfeffer
Etwa 8 Baconscheiben ohne Rinde

Ergibt 6–8 Portionen

1 Den Backofen auf 170 °C (Gas Stufe 3) vorheizen. Butter in einer Pfanne zerlassen, Zwiebel und Knoblauch darin glasig dünsten. Abkühlen lassen.

2 Schweinefleisch, Kalbfleisch, Geflügelleber, Prosciutto oder Pancetta wie Hackfleisch fein zerhacken. Mit den Händen die übrigen Zutaten bis auf die Baconscheiben unterarbeiten. Ein kleines Stück von der Masse abnehmen und braten, um den Geschmack zu testen.

3 Eine 1-l-Terrine so mit Baconscheiben auslegen, dass die Enden an den Seiten hochstehen.

4 Die Fleischmischung in die Terrine streichen. Die überhängenden Baconscheiben darüber legen. Einen Deckel darauf legen oder eine doppelte Lage Alufolie darüber legen.

5 Die Terrine in einen Bräter, diesen auf einen Rost stellen. So viel kochendes Wasser in den Bräter gießen, dass die Terrine halb darin steht. 2 Stunden im Backofen garen, bis das Fleisch sich leicht vom Rand löst oder ein für 30 Sekunden in die Mitte eingeführter Spieß sich warm anfühlt. Die Innentemperatur sollte etwa 75 °C betragen.

6 Terrine aus dem Bräter nehmen und 1 Stunde abkühlen lassen. Mit einem 1-kg-Gewicht beschweren. Völlig auskühlen lassen. 1–2 Tage mit dem Gewicht in den Kühlschrank stellen.

7 Etwa 30 Minuten vor dem Verzehr die Terrine aus dem Kühlschrank nehmen. Die Pastete hält sich 2–3 Tage im Kühlschrank. Sie kann auch 1 Monat eingefroren werden – in der Form oder in Frischhaltefolie und Alufolie verpackt. Die Pastete lässt sich auch in Scheiben geschnitten einfrieren. Zum Auftauen die Folie lockern und die Pastete eine Nacht lang in den Kühlschrank legen.

Eingelegte Eier

Es ist noch gar nicht lange her, da fand man auf dem Tresen einer jeden Stammkneipe noch ein großes Glas mit hart gekochten Eiern. Das kommt heute eher selten vor. Eingelegte Eier schmecken hervorragend zu Salaten und auf Sandwichbroten; sie sind geeignet für Picknicks oder als Teil von Antipasti. Man kann sie einfach zubereiten und es lohnt sich, gleich eine ganze Menge davon zu machen.

2 getrocknete rote Chilis
2 Knoblauchzehen, zerdrückt
1 kleines Stück geriebener frischer Ingwer
2 TL schwarze Pfefferkörner, leicht zerstoßen
1 Muskatblütenblatt (nach Belieben)
850 ml Weißweinessig
12 Eier

Ergibt etwa 1,8 l

1 Alle Zutaten bis auf die Eier in einen Topf geben und aufkochen, dann 10 Minuten köcheln lassen. Topf vom Herd nehmen und die Flüssigkeit abkühlen lassen. Kosten Sie etwas vom Essig, um zu prüfen, ob er gut genug gewürzt ist.

2 Eier in einen großen Topf legen, mit kaltem Wasser bedecken und aufkochen lassen. Deckel auflegen, Topf vom Herd nehmen und Eier 15 Minuten so stehen lassen. Eier anschließend kalt abschrecken und schälen.

3 Eier locker in sterilisierte Gläser legen. Essig darüber gießen und Gläser verschließen. An einem kühlen, dunklen und trockenen Ort 3–4 Wochen vor dem Verzehr ruhen lassen. Die Eier halten 6 Monate.

Register

Danksagung

Projektleitung: Anna Southgate
Lektorat: Erin Connell
Verantwortlich für Lebensmittelsicherheit: Carol Frieberg
Layout: Simon Daley
Fotografie: Ian Bagwell
Food-Styling: Kathryn Hawkins und Jacqueline Bellefontaine
Leitende Redakteurin: Diana Steedman
Künstlerischer Direktor: Richard Dewing
Herausgeber: Oliver Salzmann